# あなたの顔には
# 99%理由がある

相貌心理学で学ぶ顔のセルフマネジメント

佐藤ブゾン貴子
Sato Bouzon Takako

河出新書
039

# はじめに

自分のことがわからない。
だから、他人とどう接したらいいか、わからない。

これは、私がセッションやセミナーをする際に、参加者の方から一番多くいただく悩みです。さまざまな方のお話を聞いていると、実にたくさんの方が「本当の自分を知りたい」という思いを抱えていることがわかります。

どんな課題であっても、理由や原因がわかると対策が立てやすくなります。客観的に分析して問題の箇所を見つけ出し、そこを良くするための対策を立てればいいのです。

ただし、自分自身のことは、そううまくいきません。近すぎるからこそ客観的に見ることが難しいのです。

「なぜ、自分は人とうまくコミュニケーションできないのか」と一人で悩んでいても、解決策はなかなか出てこないでしょう。それは自分を客観的に見られないことが原因です。

でも、実は自分自身を客観的に理解できるツールがあるのです。

それが相貌心理《そうぼうしんり》学《がく》です。

相貌心理学（Morphopsychologie／モルフォプシコロジー）とは、簡単にいうと「顔」を客観的データとして分析する心理学です。

顔の輪郭《りんかく》や目、鼻、口などのパーツや肉付きなど、その人の顔を構成するものの形状やバランスなどを客観的データとして分析して、性格や思考、感情、行動傾向などのパーソナリティを見立てます。

人間は、毎日のように他者や環境からさまざまな影響を受けて生きています。その人の感受性が受け取った刺激で動くのが表情筋であり、顔には二〇種類以上の表情筋が張り巡らされています。また、脳と思考の発達は、頭蓋骨《ずがいこつ》や額《ひたい》の形態に影響を及ぼします。

だからこそ、顔立ちからその人の感じ方や考え方、行動などが理解できるのです。

相貌心理学を学ぶメリットはたくさんありますが、そのうちもっとも大きなものが、「本当の自分を知る」ということです。

私が行うセミナーでは、まず自分の顔を分析して内面を知ってもらうのですが、多くの人は案外、自分自身のことを理解していないものです。

セッションやセミナーでは、職場での対人関係やパートナーとの相性など、さまざまな悩みを抱いた人がやってきます。一見、悩みなどなさそうに見える人が人間関係で苦しんでいることもあり、どんな人にも何かしらの悩みはあるのだなと実感します。

でも、それは当然です。人にはそれぞれ得意なことや不得意なことがあり、誰かにできることが自分にもできるとは限りません。反対に、自分にしかできないこともあります。だからこそ、まずは自分自身を知ることが重要なのです。


新型コロナウイルス感染拡大の状況下では、日常生活や仕事が制限されることも多くなりました。今までは当然のように過ごしていた生活を送ることができないとき、人はどうしても自分と向き合わざるを得なくなります。制限が強いられている生活で、自分はどう行動するのか。何を最優先し、何をやめるのか。その判断をするのは自分自身です。

また、リモートワークで家にいる時間が増え、将来のことや仕事について考える時間ができた分、逆に迷いが生じてしまった方もいるかもしれません。一人の時間を不安に思っている方も多いかもしれません。

私自身もオンラインセミナーやセッションで多くの方のお話を伺《うかが》っていますが、今こそ本当の自分を知ることが求められていると感じています。

そこで前著『人は顔を見れば99％わかる』では相貌心理学の基礎的な理解についてお伝

えしましたが、今回は、自分自身に対する理解を深めていただくことに焦点を絞りました。

また、前著では日本で初めてとなる相貌心理学の入門書を目指し、フランスで習得した基礎に沿って忠実にお伝えしましたが、本書では日本に帰国後、セッションやセミナーを繰り返すうちにわかってきたことを盛り込み、日本の読者がよりこの心理学を活用できるよう心がけました。

本書では顔を12のタイプに分類し、主に日本人に多い8タイプを詳しくご紹介するとともに、それぞれのタイプが強みを伸ばしていく方法や人間関係で気をつけるべきことなど、自分を伸ばすためのセルフマネジメントの要素を多く加えています。


第1章では、相貌心理学の基本をわかりやすく紹介しています。

第2章では、さらに深く自分を理解するために、顔を12のタイプに分けて分析します。

第3章では、自分の顔のパーツから、現在の自分の内面を理解する方法をお伝えします。また、自分の外見を変えて内面を変える方法についても解説します。

第4章では、それぞれのタイプがもっと良くしていけるところや、気をつけなければいけない点など、顔からわかる個性や強みの伸ばし方について触れます。

第5章は、さらに自分を活かせる環境を整えるために、職場での人間関係やパートナー選び、あるいは子どもの顔の分析についてお伝えします。

最後の第6章では、顔分析を具体的に把握していただくため、各タイプを代表する著名人を総合的に分析します。相貌心理学が99％の正答率を誇る学問であることを実感していただけますと幸いです。

相貌心理学は、あなたの隠れた才能を発見し、新しい可能性を切り開いていくために欠かせないもの。ぜひこの顔の心理学を使って人生を豊かにしてほしいと願っています。

# 目次

# 第1章

## 自分を知るための完全メソッド

### ――相貌心理学の顔分析

# 1　顔にはすべてが表れる

## 99%の正答率を誇るフランス生まれの「生きた学問」

相貌心理《そうぼうしんり》学《がく》は、額《ひたい》の傾斜の角度や目尻の位置、口の大きさといった顔立ちなどから、その人の思考パターンやコミュニケーションのクセを知る学問です。

顔から分析できることは、以下のように多岐にわたります。

その人の持つ体力／コミュニケーション欲求量／実行力／想像力／共感力／思考の速さ／環境や他者に対する寛容性や適応性／感情や考えを伝える力／感受性／自己抑制力／野心や独立心／モチベーション……

たとえば、顔の肉付きが豊かな人は他者に対して寛容ですが、肉付きの薄い人は他者への寛容性や順応性が低い傾向があります。

輪郭《りんかく》の大きさに対して口のサイズが大きい人は、体力を消耗しやすく散財しやすい傾向がある一方、口の小さい人は体力を調整でき、倹約家の傾向があります。

このように顔の輪郭やパーツ、肉付きから、その人の内面を総合的に見ていくのです。

相貌心理学は、日本ではまだなじみの薄い学問かもしれません。

しかし、発祥の地フランスでの歴史は長く、パリのサン・ルイ病院の精神科長を務めたルイ・コルマン博士によって一九三七年に提唱されました。

コルマン博士亡き後も、現在も世界中で一二〇〇人以上の相貌心理学者たちがその遺志を継ぎ、研究を続けています。現在まで世界各地で一億人以上の顔分析データを集約して理論を体系化し続けている相貌心理学は、まさに「生きた学問」と言えます。

実証とケース・スタディの重要性を提唱していたコルマン博士は、このメソッドをつくるために、数多《あまた》の分析と実証を繰り返しながら精度を高めていきました。その手法は現在も実践されており、相貌心理学のプロフェッサーによる顔分析の精度は、99％もの正答率を誇ると言われています。

相貌心理学は、フランスではポピュラーな心理学として認知され、教育分野やビジネス分野などでもさまざまに活用されています。

たとえば、イメージをコーチングするファッションや美容系の学校の多くで、カリキュラムの一つとして導入されています。また、一般企業でも従業員の適正な配置や育成を図るために、人事配置や人材育成の現場で使われているほか、お客様に適切な対応をするため、カスタマーサービスの現場でも導入されています。

一般にも広く知れ渡っているので、子どもに合ったコミュニケーションをとるために、ご家庭で使っている親御さんもいます。

ところで、私が「顔立ちから一人ひとりのパーソナリティを分析する」と説明すると、このように聞かれることがあります。

「それって、観相学とか人相学みたいなものですか？」

いいえ、相貌心理学は観相学や人相学、また占いとは違います。

相貌心理学の目的は、顔の形状を言語化して分析し、自分や他人を「理解」すること。その人の顔を、いいか悪いか、幸せか不幸かなどと「判断」するものではありません。

私のところには、自分の未来がどうなるかを鑑定してもらいたいという方もたくさんいらっしゃいますが、それは相貌心理学ではわからないのです。

そのような方には、相貌心理学で未来がどうなるかを占うことはできないけれど、自分が望む未来があるならば、そこに到達するまでの最良のプロセスを知ることはできるとお伝えしています。

「起業したい」「裕福になりたい」「自分に合ったパートナーを見つけたい」といった望み

があるならば、それらを実現するために、どう考え、どう行動したらいいのか、顔立ちの情報から、自己実現の方法を知ることができるのです。

たとえば、分析によって自分の持つエネルギー量（体力）が少ないことがわかっても、がっかりすることはありません。自分は馬力を頼りに一気に物事を進めるタイプでないと理解できれば、じっくり時間をかけて物事を進めていくことができます。

つまり「自分に合った成功への道と戦略」を考えることができるのです。

成功するか失敗するか、幸せか不幸せかを決めるのは占いではなく、あなた自身です。

そのためには、まずは自分自身をよく知ること。

また、自分のそばにいる人たちのことをよく知ることも重要です。

たとえば、婚活をしている女性がある男性との交際を考えているとします。相手の顔から「意志の強い顔」という特徴が見て取れたら、相貌心理学ではこのように分析します。

その意志の強さは、何かの目標を決め、それをやり遂げるという側面では良い結果をもたらすことがあるかもしれません。しかし、裏を返せば頑固とも言えます。

頑固なタイプは人の意見を聞かない傾向が強く、頼りがいのあるパートナーがいいと思う女性ならピッタリですが、そういうタイプが苦手な女性は、よくよく相手を観察して、一緒に生活できる人かどうかを見極めたほうがいいかもしれない――。

　このように、相貌心理学というのは、あくまで自分と他人を理解するための学問であり、分析結果をどう使うかはあなた次第です。

　また、顔から特性を分析するというと、中には「外見や見た目で人を判断するなんて、良くないことでは？」と批判される方もいます。

　でも、相貌心理学は決して顔の「美醜」で人の価値を判断するものではありません。

　また、それぞれの特性に「良し悪し」はありません。意志の強さが見方によっては頑固さになるように、強みと弱みは背中合わせです。ですから、相貌心理学ではどんな顔が優れているとか、劣っているなどと決めつけることもないのです。

　さらに顔の形状や特徴は、環境や感受性への刺激が変われば、短期的にも長期的にも変化していきます。顔は変わるものなのです。ですから、現在の分析結果がすべてではありません。

　環境に応じて顔は変わっていくため、逆に顔から現状を確認するのも分析目的の一つです。

## リモート時代の新たなコミュニケーションツール

現在、新型コロナウイルスの感染防止のため、私たちは人と会う際はマスクをしています。

でも、マスクから見えている部分だけでも理解できることはたくさんあるのです。

たとえば、目頭からまっすぐ一本の線を引き、その線より目尻が上がっているか、下がっているかを見てください。目尻が上がっている「上がり目」は「意志の強さ」を表します。また見たいものだけを見て聞きたいものだけを聞き、人の意見をあまり受け入れない傾向があります。

### 目は情報・知識を<br>キャッチする力を表す

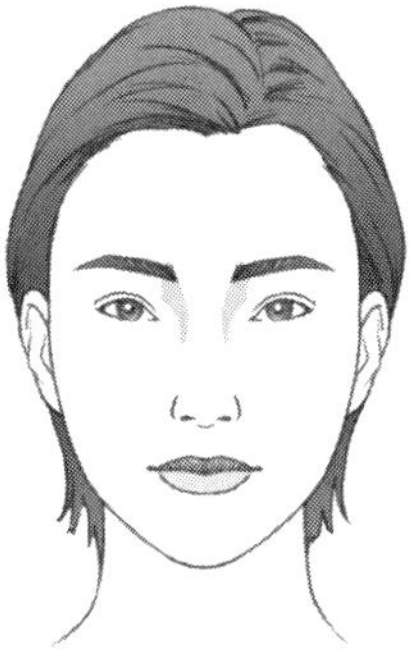

目尻が上がっている人は、
意志は強いが、あまり人の話を聞かない

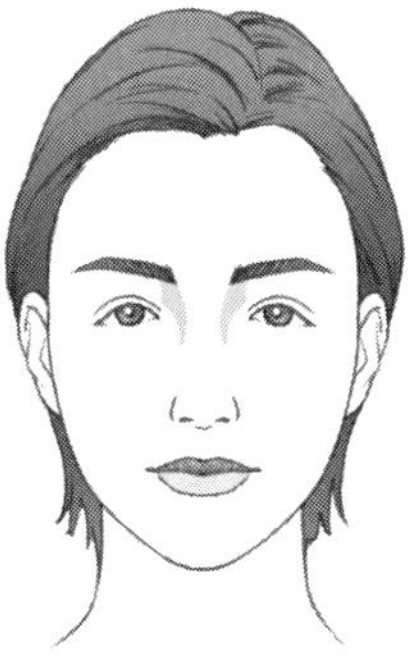

目尻が下がっている人は、
人の話をきちんと聞く

一方、目尻が下がっている「下がり目」は、目の前の状況や人の話をよく聞く能力の高さを表します。このように、目から上というのは知的活動を表す部分であり、その人がどのように情報や知識を取り入れるかがわかるのです。

リモートワークの機会が多くなれば、相貌心理学はさらに役立ちます。

というのも、誰かとリアルにコミュニケーションをとるときには、相手の仕草や立ち居振る舞い、全体から発する雰囲気など、相手を理解する材料がたくさんありますが、リモートでは、画面の中に映っている顔から多くのことを理解しなければいけないからです。また、普段の生活では仕事の合間のちょっとした雑談から相手の情報を得ることも少なくありません。普段通りのコミュニケーションがとれないときこそ、この心理学を活用することで、顔に表れている情報を分析しながら、相手を理解することができるのです。

マスク越しやモニター越しでも相手を理解できる相貌心理学は、この時代にふさわしい新たなコミュニケーションツールと言えるでしょう。

## 2　顔の輪郭はエネルギー量とコミュニケーション欲求量を表す

**見るべきポイントは、輪郭、ゾーン、パーツ**

ではいよいよ、分析の仕方を紹介していきます。

相貌心理学ではさまざまなポイントがありますが、大まかには以下の三つになります。

1　顔の輪郭　↓　その人の持つエネルギー量、体力を表す

2　拡張ゾーン　↓　その人の原動力やモチベーションを示す

3　目、鼻、口などのパーツ　↓　それぞれに性格の傾向が表れる

相貌心理学で一番のベースとなるのは輪郭、頭部全体の形状です。それが示すエネルギー量（体力）は、その人の特性を考える上でもっとも重要な要素になるからです。

次に、顔の中で一番拡張しているゾーンがどこかという要素を加味します。この輪郭とゾーンの組み合わせによって、その人の基本となる特性がわかるのです。

最後に、各パーツ（器官・部位）の要素を加えていきます。それぞれのパーツには性格

やクセなどが表れているため、輪郭やゾーンと組み合わせて分析すると、その人のパーソナリティをより深く知ることができます。

**輪郭が正方形の「ディラテ」と長方形の「レトラクテ」**

まずベースとなる顔の輪郭ですが、相貌心理学では形状によって二つのタイプに分けています。

どっしりとした輪郭の人は、エネルギー量が豊富で、体力が十分にあることを示しています。このタイプを「ディラテ」といいます。正方形、もしくは丸形の輪郭がディラテです。

一方、細い輪郭の人は、エネルギー量があまり多くありません。このタイプのことを「レトラクテ」といいます。長方形、もしくは楕円形《だえんけい》の輪郭が、レトラクテです。それぞれの特徴は、フランス語の原義から考えるとわかりやすいかもしれません。

ディラテ（dilaté）は、「膨張」「拡張させる」「外向きの力」という意味があり、コルマン博士は「生命の拡張」と表現しました。

レトラクテ（rétracté）は「縮小」「引っ込める」「内向きの力」などの意味があり、コルマン博士は「生命の保守」と表しています。

ここでいう体力とは、まずは生命を維持するため、内臓機能を動かすのに使われるものを指します。また、細菌や病原菌などに対する抵抗力、さらにコミュニケーションに使えるエネルギーのことも指します。そもそもコミュニケーションにはエネルギーを使いますから、その人のエネルギーがどのくらいあるかが重要になるのです。

ディラテの人は体力を溜《た》めるタンクが大きいため、内臓機能や抵抗力に使っても、まだ余っている状態です。その分、コミュニケーション欲求も豊富になり、外向きの欲求が強くなります。

一方、レトラクテの人はもともと体力を溜めるタンクが少ないため、余分な体力がない状態。おのずと自分の生命を守る防衛力が高くなり、内向きの欲求が強くなります。

輪郭のタイプを見極めるとき、基本的に横のラインの印象が強い場合はディラテ、縦のラインの印象が強い場合はレトラクテです。

わかりづらいときは、下唇《したくちびる》から下のあご先を隠してみましょう。

残りの上部の横の方が長いか、横と縦が1対1の正方形、あるいは丸形の場合はディラテ。縦の方が長く、長方形か楕円形の場合はレトラクテです。

**ディラテとレトラクテ輪郭は、その人のエネルギー量（体力）を表す**

ディラテ（正方形か丸形の輪郭）の人は、
エネルギー量（体力）が豊富→
**「生命の拡張」**

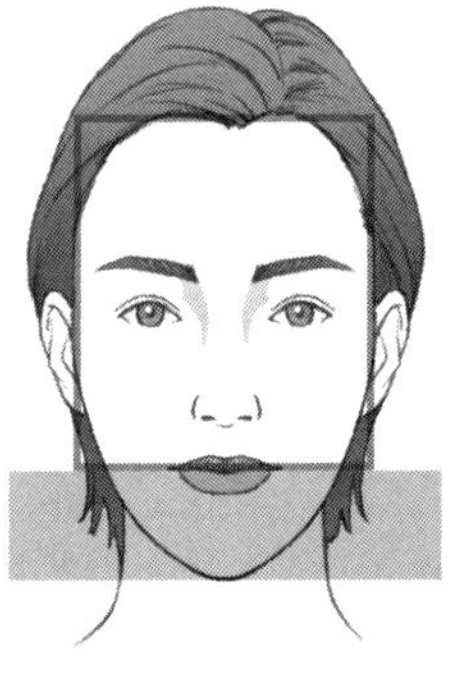

レトラクテ（長方形か楕円形の輪郭）の人は、
エネルギー量（体力）があまり多くない→
**「生命の保守」**

ちなみに、アメリカのドナルド・トランプ元大統領は全体的にがっしりして見えるためディラテのイメージがあるかもしれませんが、ひさしのような前髪を上げた顔を見ると、縦のラインが長いため、レトラクテになります。

自分の顔を確認する際も、しっかり前髪を上げてチェックしてみましょう。

## ディラテは「皆で一緒」を好み、レトラクテは一人を好む

体力が豊富なディラテは、意識が外向きになりやすいので社会性が高く、体力の少ない

レトラクテは、意識が内向きになりやすいのでその分想像力に優れ、孤独に強い傾向があります。

こうした意識の違いは、行動やコミュニケーションにも大きな影響を及ぼします。

たとえば、ディラテの人は、何をするにも皆で一緒に行動することを好む傾向がありま す。そのため、皆で食事をするのも大好きです。

一方、コミュニケーションに回せる体力の少ないレトラクテは体力の無駄遣いができないため、自己防衛能力も強くなり、体力を使う相手や状況をしっかり選ぶ傾向があります。不特定多数とのコミュニケーションは好まず、自分が選んだ相手とだけ行動しようとするのです。

たとえば飲食店に一人で訪れて静かに食べている方は、私が見る限りほぼレトラクテ。もちろんコロナ禍では大勢での会食は難しいですが、それでもディラテの方が一人で食事をすることは、稀。一人でお店を訪れる際は、お店の方や常連さんと交流したいという場合がほとんどです。

決して付き合いは悪くないものの、集団行動をするときに「いつも皆で一緒！」のノリにはちょっとついていけないな……と感じる方は、きっとレトラクテのはずです。

また、誰かを誘う際は、相手が「皆で過ごしたいタイプ」なのか、「一人で過ごしたいタイプ」なのかを見極めたほうがいいでしょう。

さらに興味深いことに、レトラクテの人は「私」「俺」といった言葉を使い、ディラテの人は「私たち」「俺たち」といった言葉を使う傾向があります。

たとえば夫がディラテ、妻がレトラクテというように輪郭の違う夫婦は二人の主語も往々にして違います。奥さんは「私は」と言い、旦那さんは「俺たちは」と言うのです。以前、輪郭を見るとレトラクテなのに、「俺たちは」と言っている男性がいましたが、その方の他のパーツの要素を見ると、周りの人の目を非常に気にするタイプでした。相手に合わせて「俺たちは」という言葉を使っていたのでしょう。

ストレス発散法も、二つのタイプでは違います。

体力が豊富なディラテは、体力を使わなければ、むしろ持て余すことになります。エネルギーは水槽の中の水と同じで、循環していないと澱《よど》んでいくのです。澱むとフラストレーションも溜まっていってしまいます。

ですから、普段からなるべく体力を使って発散したほうがいいのです。

特にストレスが溜まったときは、ディラテの人はジムなどで運動するとリフレッシュできます。

しかし、レトラクテの人はジムで運動してリフレッシュしようとしても、体力が少ないため、余計に疲れてしまうことがあります。

基礎体力をつけるために定期的に運動するのは構いませんが、やはり無理は禁物です。それよりも少ない体力を効率的に使えるよう調節の仕方を習得することが大切です。そして疲れたときは、まずしっかり休息をとることをお勧めします。

レトラクテの人にもっとも重要なのは、一人で過ごす時間です。自分の好きなことや趣味に没頭することで、ストレス発散につながるのです。

そういえば、大勢で過ごしたいディラテは、コロナ禍における自宅での自粛生活をつらく感じやすい傾向があるようです。一方、孤独に強いレトラクテは自粛生活もそうつらく感じない傾向があるようです。

### 「適性」を「適正」にするために自分の特性を理解する

輪郭のタイプからは、その人に向いたコミュニケーションの仕方や働き方を理解することもできます。

たとえば、ディラテには豊富な体力があるため、新しい環境にもすぐに馴染《なじ》みます。持ち前の寛容性と順応性で、たとえよく知らない環境で多少嫌な思いをしたとしても、それに耐えられる余力があります。何があっても鷹揚《おうよう》に受け入れられるのです。

しかしレトラクテの場合は、新しい環境に馴染むのはそう簡単ではありません。ですから、仕事を選ぶ際には、もともと持っているキャリアやスキルをもとに考えることはもちろんのこと、自分にあった環境なのかを考慮することをお勧めします。

ただし、レトラクテでも、頬《ほお》周りなどの肉付きが豊富な場合は、コミュニケーション力がある場合もあります。

顔の肉付きが示しているのは、寛容性と順応性。レトラクテで体力が少ない人でも、ある程度の肉付きがあれば、寛容性と順応性で新しい環境にも馴染みやすくなるのです。

一方、ディラテであっても肉付きが少ない人は、やはり新しい環境に馴染むのは難しくなります。肉付きが平らな人は、感受性が敏感です。ですから、輪郭がディラテで体力がある人でも、些細なことで敏感に感じ取ってしまい、自分を守る力が働きます。

そのため、レトラクテでも肉付きがいい人と、ディラテでも肉付きが少ない人では同じような特性になることが多いのです。

このように、相貌心理学では単体で特性を決めるのではなく、いろいろな要素を組み合わせて、その人の「適性」を総合的に分析していきます。

ただし、その人の適性がわかっても、それが間違った環境や状況に置かれると、才能は開花しません。適性も、環境を間違えると「適正」にはならないのです。

適性を「適正」にするには、自分をしっかり理解して、自分に合った状況や環境を選ぶことが大切です。

たとえば、ディラテの上司のもとで、レトラクテの部下が仕事で結果を出せないようなときは注意が必要です。コミュニケーション欲求の強いディラテの上司が、部下の仕事やプライベートにどんどん立ち入る質問や行動をしてきたら、レトラクテの部下にとっては煩《わずら》わしく感じてしまうかもしれません。

また、体力豊富な上司が自分と同じような仕事量を部下に押し付けたり、「これくらいの仕事をして当然だ」などと発言したりすると、本人にそのつもりはなくてもレトラクテの部下はプレッシャーを感じてしまいます。それが高じると、パワハラにもなりかねません。どんな才能も体力に支えられなければ発揮することができないのです。

もちろんディラテの人がパワハラをするということではなく、それぞれの人が固有の傾向を持っていることを理解して接したほうがいいということです。

さらに、大勢と話すのが好きな人もいれば、事務仕事をするのが向いている人もいます。物事を素早く考えるのが得意な人もいれば、じっくり考察するのが得意な人もいる。

あなたの職場はじっくり考えたほうがいい職場なのか、それともスピーディに判断して答えを出さなければいけない職場なのか。そうした状況を踏まえて、しっかり職業選択をしなければ、適性は「適正」になりません。

世の中には、自分のことをきちんと理解している人は意外と多くありません。「自分は話すのが苦手だから、コミュニケーション能力が低い」とか、「自分にはクリエイティブな能力はない」などといった先入観や主観的な感情で、残念ながら自分の才能を潰してしまっている人が本当に多いのです。

自分に合ったエネルギーの使い方やコミュニケーションの傾向をしっかり把握して、「適正」な環境を手に入れてほしいと思います。

## レトラクテはストレスを溜め込みやすく、ディラテは病気に気づきにくい

そのほか、ディラテはレトラクテに比べて単純さやわかりやすさを好み、あまり複雑なものは好まない傾向があります。

また、一般的にディラテの人は家族や集団を大切にする傾向があり、その地域に浸透している習慣や風習、伝統などを好みます。

ディラテとレトラクテでは、想像力が具体的か抽象的かといった違いもあります。ディ

ラテのほうが現実に足のついた行動が多くなり、レトラクテのほうが自分の理想や頭の中の世界を大事にします。

さらに、ディラテは物事が終わったら、そのことをあっさり忘れる傾向があります。何かトラブルがあっても、あまり根に持ちません。

一方、レトラクテはストレスを溜め込みやすい性質があります。体力が少ないため、嫌なことを言われたとかストレスを与えられたと思うと、二度と同じような目に遭わないように、そのことをしっかり覚えているのです。このように自分を守る防衛力が高いため、レトラクテは物事のネガティブな側面に意識が向きやすく、また他人に対してもストレスを感じやすく、苦手な人をつくりやすい傾向があります。

また、自分を守る防衛力が高いレトラクテは、自分の不調にも敏感です。ですから、病気になったときに早く気がつく傾向があるのはレトラクテのほうです。

輪郭のどっしりしたディラテの人は、体力が豊富なため身体の不調に気づきにくく、病状が進行してからようやく気づく傾向があるのです。よく「そんなに悪くなるまで、なぜ病院に行かなかったのか」と言われる方がいますが、ディラテの場合は持ちこたえてしまうこともあります。ディラテの人はそのことを自覚し、普段から自分の体調の変化に気をつけたほうがいいでしょう。

## 輪郭の違うカップルは喧嘩が多くなることも

このように、輪郭の違う人は体力が違うため、多くの点で違いが出てきます。人が持つ能力に「体力」という視点を入れてみることで、新たに見えてくるものもあるのです。

輪郭は、人と人の相性にも影響を及ぼします。

たとえばカップルの場合、ディラテならディラテ同士、レトラクテならレトラクテ同士のほうがコミュニケーション欲求が似ているため、一般的には意見も合いやすいようです。

以前、ある夫婦にこんなことがありました。

この夫婦は、夫がレトラクテで妻がディラテであったため、夫は休日にはしっかり休みたいと考えていました。しかし、妻はいろいろなところに出かけたいと考えます。

そこで夫は「俺は家にいるから、一人で行ってきたら？」と言うのですが、これが一人で行動するのが嫌なディラテの妻にとっては寂しく、また怪《あや》しくも感じてしまうのです。そのうち「私のことを嫌いになったの？　もしかして浮気？」と、夫のことを怪しむようになってしまいました。

体力が少ない夫にしてみたら、土日ぐらい家でゆっくりしたいところですが、活動的で外交的な妻にしてみれば、「夫は家にいると嘘をついて、誰かと連絡しているのでは……」と思ってしまったのですね。互いの行動を理解できないことが、すれ違いの原因でした。

そこで、二人にそれぞれの輪郭と体力について説明したところ、納得されたようです。

やはり、それぞれの適性に合った過ごし方ができなければ一緒に過ごすことは難しくなります。この夫婦の場合、休日には夫は家でゆっくり過ごして体力回復に努め、妻は友だちと出かけるなどして体力を発散する必要がありました。

反対に、夫がディラテで妻がレトラクテの共働き夫婦の場合は、週末は夫に家事をしてもらうとか、子どもと一緒に遊んでもらって体力を発散することをお勧めしています。

## ディラテとレトラクテの特徴

### ディラテ

- 体力が豊富なため、コミュニケーション欲求が高い
- 社会性が高い
- 現実主義
- 何をするときも、大勢で一緒に行動することを好む
- 寛容性や順応性が高く、新しい環境や人に馴染みやすい
- 単純さ、わかりやすさを好む
- 体力を使わないと、ストレスが溜まる傾向がある
- 自分の身体の不調に気づきにくい

### レトラクテ

- 自分の生命を守る防衛力が高く、内向きの欲求が強い
- 一人で過ごす時間を大切にする
- 理想主義
- 想像力に優れ、孤独に強い
- 自分を守る防衛力が高いので、新しい環境や人に馴染むのに時間がかかる
- 複雑で、抽象的なものを好む
- 他人に対してストレスを感じやすく、自分が選んだ相手とのみ行動することを好む
- 自分の身体の不調に気づきやすい

## 3　顔のゾーンは、性格や行動傾向を表す

さて、ここまでは相貌心理学のベースとなる輪郭について見てきました。

次からは、顔の拡張ゾーンについて見ていきます。

相貌心理学では、顔の中のどのゾーンがもっとも大きく広がっているかを分析することによって、その人の原動力を探ります。つまり、輪郭がエネルギー量（体力）を示すならば、ゾーンはそのエネルギーに火をつけるモチベーションを示しています。

顔は、以下の三つのゾーンに分けられます。

**自分のゾーンをチェックしてみよう**

1　思考ゾーン　↓　額の生え際から目の下まで
2　感情ゾーン　↓　目の下から唇の上まで
3　活動ゾーン　↓　唇の上からあご先まで

あなたの顔をこの三つのブロックに分けたとき、どのブロックの面積が一番大きく感じ

ますか？　また、どのブロックがもっともインパクトがあると感じますか？　面積が大きく、インパクトも大きいと感じるゾーンが、あなたの拡張ゾーンです。

そして、その拡張ゾーンの特徴がその人の特性として強く出ることになるのです。

ゾーンを判別するときは、まず正面の顔を見て、一番面積が大きいゾーンやインパクトのあるゾーンを選びます。

この正面の顔ですぐに判別できれば、そのゾーンが拡張しているという判断で構いませ

**3つのゾーン**

❶思考ゾーン　→額の生え際から目の下までの面積が大きい

❷感情ゾーン　→目の下から唇の上までの面積が大きい

❸活動ゾーン　→唇の上からあご先までの面積が大きい

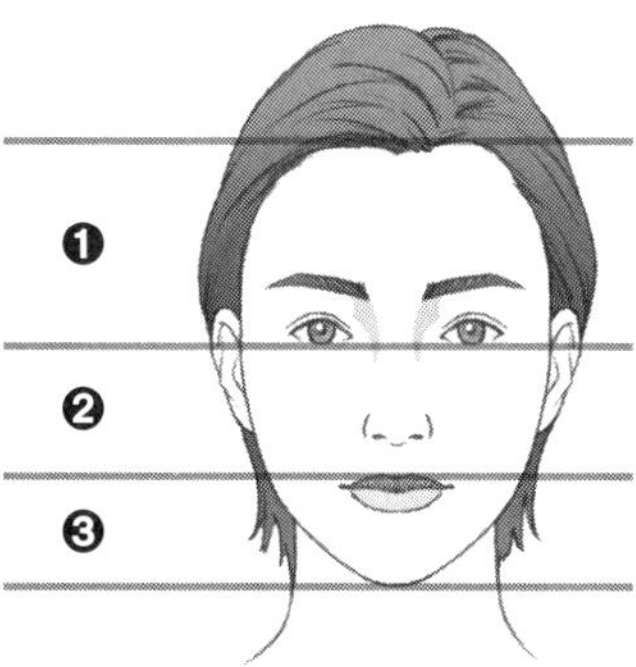


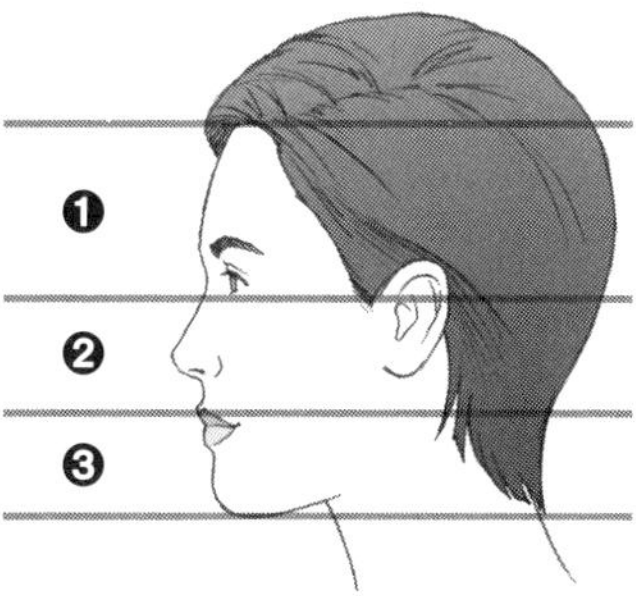

んが、なかには判別しにくい顔もあります。

　そんなときは正面からだけでなく、横顔からも判別して、両方を合わせたポイント制で判断するといいでしょう。

　横顔は自分で見ることはできませんから、スマートフォンなどで自撮りするか、他の人に撮ってもらうことをお勧めします。自分で撮影する場合は、自撮り棒などがあると撮りやすいでしょう。鏡を使ってうまく撮れたという方もいました。

　まず正面から見て、自分は額の生え際から目の下までが一番広いなと思ったら、思考ゾーンに「ポイント１」。

　そして横顔を見ても思考ゾーンが一番広いと思ったら、思考ゾーンに「ポイント１」。合計「ポイント２」ですから、やはり思考ゾーンが拡張しているということになります。

　正面から見たら思考ゾーンに思えるけれど、横顔から見たら感情ゾーンに思えるというときは、どちらもポイントが「１」になります。そんなときは、「思考ゾーンと感情ゾーンの二重拡張」というタイプになります。この「二重拡張」については、後ほど詳しく説明します。

　ちなみに、正面の顔と横顔から見て判断できないときは、斜め45度から見るとわかることもあります。

セッションやセミナーでは、時折、自分の拡張ゾーンが思考なのか、感情なのかわからずに迷っている方もいらっしゃいます。

思考ゾーンと感情ゾーンの見分け方ですが、正面から見る場合は「頬骨《ほおぼね》の幅」と「こめかみ上部の幅」のどちらのほうが広いか、に注目します。思考ゾーンの人は、頬骨の幅よりこめかみの上部の幅が短くなることはまずありません。いわゆる、はちが張っている顔です。

また、横顔から見る場合にも、ポイントがあります。

**横顔から見る、思考ゾーンと感情ゾーンの見分け方**

**前1/2：後ろ1/2の場合**

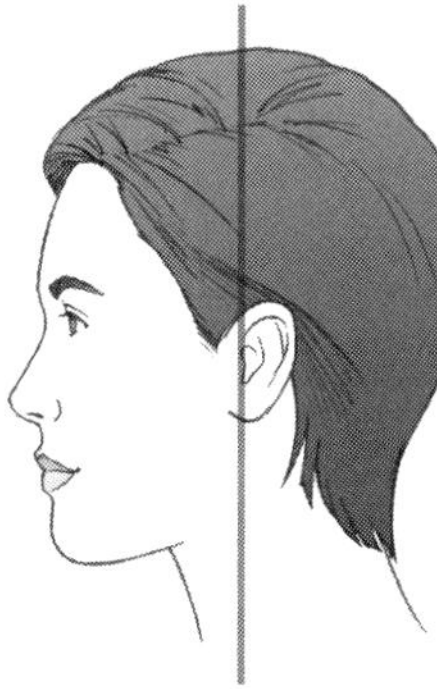

思考ゾーンに1ポイント

**前2/3：後ろ1/3の場合**

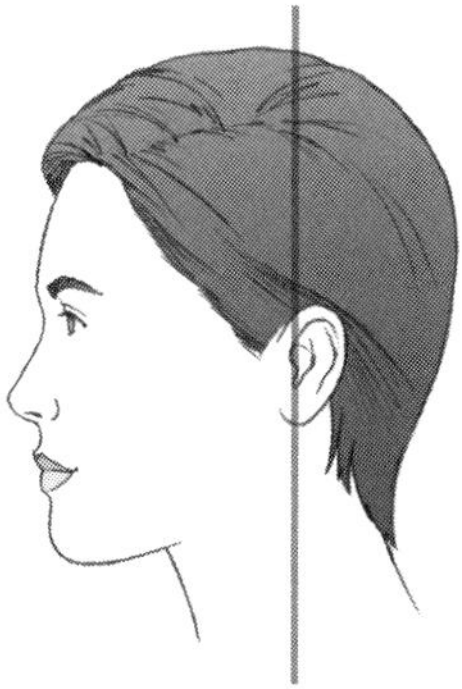

感情ゾーンか活動ゾーンに1ポイント

耳の穴から上下にまっすぐ線を引いて、頭部を縦二つに分けてみます。そのとき、分けられた頭部の前と後ろの比率が1／2と1／2なら、その方は思考ゾーンに1ポイントです。前が2／3、後ろが1／3なら、感情ゾーンや活動ゾーンになります。

実は、思考ゾーンの人の比率は幼少期の子どもの頭部の比率に似ています。それは思考ゾーンの人が子どもっぽいということではなく、柔軟で豊かな想像力を持っているということを示しているのです。

では、それぞれのゾーンにはどんな特性があるのかを見ていきましょう。

## 思考ゾーン……知識や教養に対する関心が高く、理想主義な一面も

思考ゾーンが拡張している人は形状でいうと逆三角形の顔型をしています。額の一番上から目の下までの面積がもっとも大きい、もしくは額や目など顔の上部にインパクトがある人です。

このゾーンの人は、想像力が豊かで、知識や教養に対する関心が高い傾向にあります。知的好奇心も旺盛で、理想主義的な面も見られます。

自らの知識や教養に対して高いプライドを抱いており、ロジカルな思考の持ち主で理屈っぽい一面もあるため、他の人からは冷淡に見られてしまうこともあります。

　また、それぞれの拡張ゾーンは、各ゾーンに含まれる器官からの働きかけが強くなります。思考ゾーンには目が含まれるため、このゾーンの人は視覚から入る刺激に敏感に反応します。特に、美しいものを見ることが大好きで、また一般的に散らかった部屋は好みません。

　知識に重きを置く思考ゾーンの人は、知ったかぶりを嫌い、人から命令されるのも嫌がる傾向があります。他人にせっつかれて何かをするよりも、自分で熟考したい人です。

### 思考ゾーン

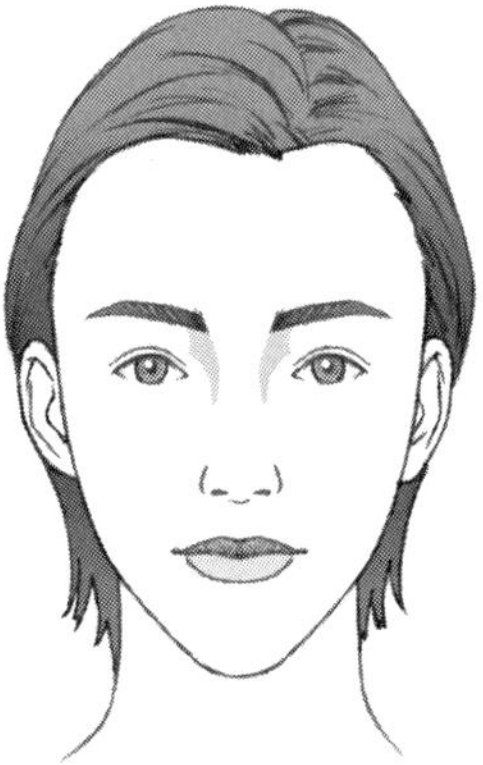

知識や教養に対する関心が高く、
理想主義な一面がある

## 感情ゾーン……感情豊かでコミュニケーション欲求が高い

感情ゾーンが拡張している人は、目の下から唇の上までの面積が一番大きいか、インパクトがある人です。大まかにいうと、頬骨がしっかり張っていて、顔の形が六角形のタイプ。

このゾーンのモチベーションになるのは、その名が示す通り「感情」です。また共感力も高く、気持ちの共有や分かち合いが満足の源になります。コミュニケーション能力に長《た》けている人も少なくありません。

### 感情ゾーン

感情豊かで
コミュニケーション欲求が高い

その分、物事を感情で判断する傾向があり、客観性に欠ける判断をしてしまうこともあります。物事や人を「好き嫌い」で決める一面も見られます。

感情が豊かな分、センシティブ。承認欲求も強いため、人からどう見られているかを気にしがちです。他人から心ない言葉をかけられると、まるで自分が全否定されたように感じてしまう人もいるようです。

**活動ゾーン……展開力に優れた合理的な現実主義者**

活動ゾーンが拡張している人は、唇の上からあごまでの面積が一番大きく、あごや口まわりのインパクトがある台形タイプです。顔の下半分がどっしりして面積の大きい人が多いです。

活動ゾーンは、人間の活動を支える行動力や欲求を表すゾーン。ですから、このゾーンは、食欲や物欲など生命力を維持するための本能に基づく活動が満足の源になります。利益や物質的価値、具体的な数値が、自分の行動を支えるモチベーションになるのです。

このタイプの人は、人にどう思われているかはあまり気にしません。前出の2タイプは目に見えない「理想」や「共感」を重視しますが、活動ゾーンはあくまでも目に見える物質を、より具体的に言えば損得勘定がわかりやすいお金を重視します。

## 活動ゾーン

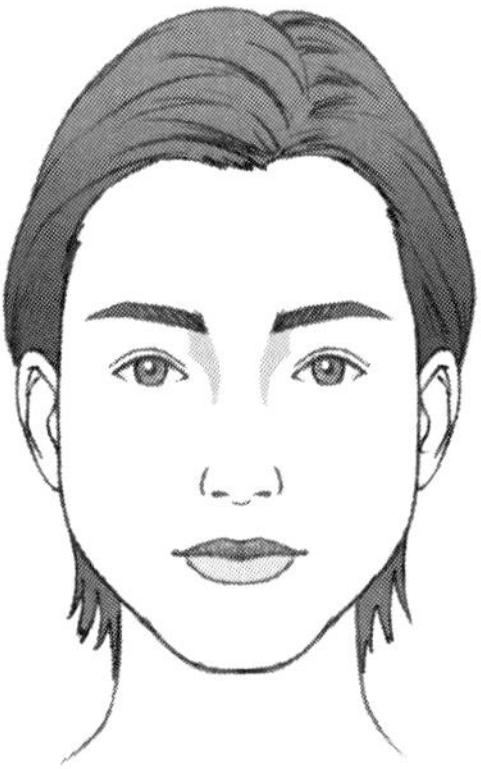

展開力に優れた
合理的な現実主義者

「使えるか、使えないか」という利用価値を基準に物事を考える、合理的な現実主義者の傾向があります。

日本人に少ないタイプですが、たとえば実業家の三木《みき》谷浩史《たにひろし》さんなどビジネスで成功を収める人がこのタイプにあてはまることがあります。発想力よりも物事の展開力に長けていて、人や物の使い方を見極めるのがとても上手です。重要な判断をくだすときに感情に左右されることもありません。

**二つのゾーンにまたがる二重拡張について**

さて、基本となる三つの拡張ゾーンを紹介しましたが、前述したように、一つだけでなく二つの拡張ゾーンを兼ね備えている「二重拡張」のタイプの人もいます。

それは以下の三つです。

思考ゾーン＋感情ゾーンの二重拡張タイプ
思考ゾーン＋活動ゾーンの二重拡張タイプ
感情ゾーン＋活動ゾーンの二重拡張タイプ

たとえば、顔の中の面積は思考ゾーンと感情ゾーンが同じくらいの大きさで、インパクトも同じ程度、どちらかを判別できないという場合には、思考と感情の二重拡張タイプと判断してもいいと思います。

これまでの著書ではわかりやすく説明するために基本の三つのゾーンだけを紹介していましたが、日本人には、思考ゾーン＋感情ゾーンの二重拡張タイプも多く見られるため、本書では二重拡張の説明も取り上げることにしました。

こうした二重拡張の人は、その特性も二重になります。つまり、思考・感情の二重拡張の人であれば、思考ゾーンと感情ゾーンの特性を同時に兼ね備えているということ。

二重拡張の人は、いわば二つの車輪を持っているのです。強みが二重になるため、バランスがとれれば最高に素晴らしい成果を出せるのですが、バランスがうまくとれなければ、二つの強みが反発し合うことになり、悩みも深くなってしまいます。

バランスがとれていれば世に名を成すほど大成する可能性が高いが、バランスがとれている人は、残念ながらそう多くはない——というのが、これまでセッションやセミナーで多くの方を分析してきた私の印象です。

二重拡張タイプの難しさは、シンプルに物事を選べないこと。

本来、思考ゾーンであればシンプルにロジックで物事を考え、感情ゾーンなら自分の感情の赴《おもむ》くものを選び、活動ゾーンならメリットがあるかどうかで物事を見極めます。

しかし、たとえば思考＋感情の二重拡張ゾーンの人だと、ロジックをとるか、感情をとるかでいちいち悩んでしまうのです。思考だけが優先になってしまう、あるいは感情だけが優先になってしまうと、「自分はこれでいいのだろうか」と割り切れなさやフラストレーションを抱えることになります。

ちなみに日本人の顔には感情ゾーンが一番多く、次に思考ゾーン、思考＋感情ゾーンの二重拡張、活動ゾーンの割合になります。

日本では、思考・活動ゾーンの二重拡張の人は少なく、感情＋活動ゾーンの二重拡張にいたってはほとんど見られません。

そのため、本章と各タイプについて詳しく取り上げる次章では、後者の二つについては割愛します。自分が該当する方や興味のある方は、終章で各12タイプの著名人を総合的に分析していますので、そちらを参照してください。

### 思考・感情ゾーンの二重拡張……バランスがとれたら大成するが、割り切れない悩みも

思考ゾーンと感情ゾーンがともに大きく、どちらにインパクトがあるか判別できない人は、このタイプになります。

このタイプは、知識や教養が情熱や感情を刺激します。また、他者とのコミュニケーションも知的活動を奮い立たせます。

強みが二つあるため素晴らしい可能性を秘めていますが、理論と感情の双方が同時に満たされない限り、満足感を得ることはありません。エモーションが高まるのを望むと同時に、その高まりが自分の思い描く理想を満たすことも望むのです。

しかし、この二つを同時に満足させることは難しく、理論で物事を理解しようとすると、

## 思考・感情ゾーンの二重拡張

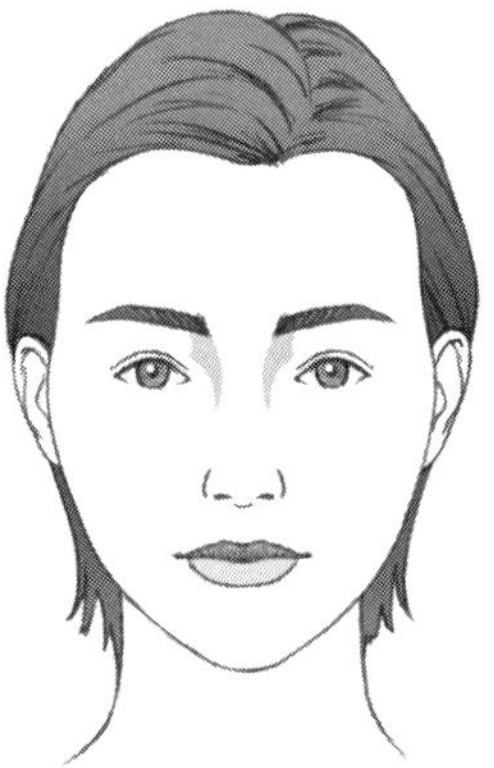

思考と感情の
バランスがとれたら大成する

感情（好き嫌い）が邪魔をし、感情で理解しようとすると理論が邪魔をするのです。

このように複雑になってしまうのが、二重拡張の特徴です。

思考・感情ゾーンに限らず、こうした二重拡張タイプの場合は、「残りのゾーンにどれだけ支えられているか」がポイントになってきます。思考・感情ゾーンの二重拡張であれば、活動ゾーンがしっかり支えているかどうかです。

活動ゾーンのあごは、その人のバイタリティや活力がどのくらいあるかを表しています。活動ゾーンだけが小さい思考・感情の二重拡張でも、あごがしっかりしているなら、思考と感情の二つをしっかり支えられているということになります。この場合、豊かな想像力と高まる情熱が、アーティスティックな才能の開花を助長してくれます。

しかし、あごがしっかりしていない場合は、思考と感情を支えきれなくなってしまい、どちらかに倒れることになります。思考の側に倒れると夢想にひた走り、言動を含む行動が停まってしまいます。感情の側に走ると、感情が暴走してしまう傾向があります。

解決法としては、このタイプにはＴＰＯに合わせて「割り切ること」をお勧めします。

場や状況を見て、今は思考と感情のどちらを優先したらいいかを考えるのです。たとえば、ビジネスにおいては思考を優先するけれど、プライベートのコミュニケーションでは感情を優先するなど、自分の中でしっかり使い分けるといいでしょう。

そういえば、パナソニックを創業した名経営者、松下幸之助もこの二重拡張タイプでしたが、彼は「理と情」という教えを残しています。経営をする上でまず重要になるのは「理」であるが、そこにそっと「情」を添えることが大切だ、というのです。この思考と感情の絶妙なバランスで、企業経営と人心掌握の両方を成功させてきたのでしょう。

なかなか難しいことではありますが、このタイプに当たる人は、自分には二つの強みが混在している、という点をまず理解しておくことが大切です。

## 自分のゾーンがわからない人は、内面のバランスがとれているということ

これまで各ゾーンの特徴を見てきましたが、自分の拡張ゾーンがどれだかわからないという人がいたら、それぞれの特徴を見て、普段の自分の言動に当てはまる項目が多いもので逆引き的に判断する方法もあります。

たとえば、「理想主義」と人から言われる機会が多いなら思考ゾーン、「感情が豊か」と言われることが多いなら感情ゾーン、「現実的」とよく言われる人は活動ゾーンというように、第三者からの評価を軸に判断してもいいでしょう。

考えてみれば、自分のゾーンがわかりにくいということは一つのゾーンだけが突出していないということ。各ブロックのバランスがいいということです。

つまり、自分のゾーンがわかりにくい人は、思考、感情、活動のどれもがある程度、充実していると言うこともできるのです。

また、ゾーンを判別する際に決して忘れないでいただきたいのは、ゾーンは優劣では捉《とら》えられないということです。たとえば思考ゾーンだから知的とか、ＩＱが高いということではなく、その人自身が思考を重視している、つまり行動のモチベーションや原動力にしているということです。そこは誤解しないようにしていただきたいと思います。

さて、これまでに見てきた輪郭とゾーン。この二つの組み合わせによって、あなたの基本となる特性がわかりますが、注意したいのは、輪郭とゾーンの組み合わせによって特性も違うことです。

たとえば、感情豊かで人との共感をモチベーションにする感情ゾーンでも、ディラテとレトラクテでは、コミュニケーションの方向性が違います。

感情ゾーンでディラテの人は常に大勢の人とコミュニケーションをとることを好みますが、感情ゾーンでもレトラクテの人は、自分の選んだ相手とだけ付き合うことを好みます。

ですから、二つの輪郭と六つのゾーンの組み合わせによって、基本的に12のタイプができることになります。このタイプについては、次章から詳しく分析していきます。

# 第2章

## 主要8タイプの顔分析

### ——輪郭とゾーンを組み合わせて分析する

## 顔は全部で12タイプ

第1章では「輪郭《りんかく》」と「ゾーン」について個別に見てきましたが、この二つの要素を組み合わせることによって、その人の基本となる特性がわかります。

たとえば、顔の輪郭が長方形か楕円形《だえんけい》で、目から上の部分が拡張している人は「思考レトラクテ」というタイプになります。こうしたタイプは、左の表のように全部で12あります。表を見て、ご自分のタイプを確認してみてください。

本章では、この12のタイプのうち主要な8タイプを分析していきます。「感情・活動の二重拡張タイプ」、「思考・活動の二重拡張タイプ」は、日本では該当数が少数のため本章では割愛しますが、終章では各タイプの著名人の総合分析を取り上げていますので、自分がそうかもしれないと考える方は１８２ページ以降を参考にしてください。

なお、前述したように、実際の相貌心理《そうぼうしんり》学《がく》では輪郭やゾーンに加えてパーツ（器官・部位）の要素も加味して総合的に分析します。こうした要素が加わることで、その人のパーソナリティも変わってくることを忘れないでください。

では、さっそく分析に入っていきましょう。

## 顔は全部で12タイプ（輪郭とゾーンの組み合わせ）

| ゾーン | 輪郭が正方形か丸形<br>（ディラテ） | 輪郭が長方形か楕円形<br>（レトラクテ） |
|---|---|---|
| 思考 | 理想主義だが、現実的<br>好奇心の幅が広い<br>**①思考ディラテ** | 奇抜なアイデアが得意<br>自分の理想を追い求める<br>**②思考レトラクテ** |
| 感情 | 共感と協調性はバッチリ<br>何でも皆と一緒<br>**③感情ディラテ** | 感情豊かで協調性もある<br>でも一人が大好き<br>**④感情レトラクテ** |
| 活動 | 実用性が何より大事<br>超現実主義者<br>**⑤活動ディラテ** | 合理性に創造性が加わり<br>展開力で独自の世界観を<br>作り出す<br>**⑥活動レトラクテ** |
| 思考<br>感情 | 想像力と高まるエモーションで<br>多様な才能を開花させる<br>**⑦思考・感情二重拡張<br>ディラテ** | 想像力と溢れる感情で<br>独創的な世界観を持つ<br>**⑧思考・感情二重拡張<br>レトラクテ** |
| 思考<br>活動 | 理想は実現するもの<br>アイデアと本能が原動力<br>**⑨思考・活動二重拡張<br>ディラテ** | 実現可能な高い理想<br>知的欲求と本能で突き進む<br>**⑩思考・活動二重拡張<br>レトラクテ** |
| 感情<br>活動 | 守ると決めたものは<br>体を張って守り抜く<br>**⑪感情・活動二重拡張<br>ディラテ** | 感情と本能に素直だが<br>自分の理想も追求する<br>**⑫感情・活動二重拡張<br>レトラクテ** |

## タイプ① 思考ディラテ（輪郭がディラテで、ゾーンが思考）

### 想像力に行動力が加わった「現実的な理想主義者」

顔の輪郭が正方形か丸形。さらに、顔の中で目から上のゾーンがもっとも面積が大きいか、インパクトが強い。それが「思考ディラテ」タイプの人です。

このタイプの大きな特徴は、「想像力に行動力が加わる」ことです。

思考ゾーンの人というのは、一般的に想像力が豊かな反面、それを実際の行動に移していく展開力にはやや欠ける面があります。

しかし、ディラテの人は体力が豊富です。そのため、この二つが合わさった思考ディラテタイプの人は、理想や想像を支える実現力も強くなります。

いわば、想像力に行動力が加わった「現実的な理想主義者」。このタイプにとって、理想は実現してこそ。頭で想像するだけのものではないのです。

また、知的好奇心が旺盛ですが、体力が豊富な分、目に入る情報に対しても寛大です。レトラクテの人は体力消費を避けるために自分で選び取りたい欲求が強くなりますが、ディラテの人はその欲求がそれほど強くありません。また体力があるため、興味の対象を絞る必要もありません。その分、外からの影響を広く受けることになります。

このため、高い理想を掲げるものの、その理想に独創性を追求することはありません。トレンドや世の中の話題についても、「知る人ぞ知る」といった尖《とが》ったものより、多くの人から好まれる一般的なものに興味を抱きます。

## タイプ①思考ディラテ

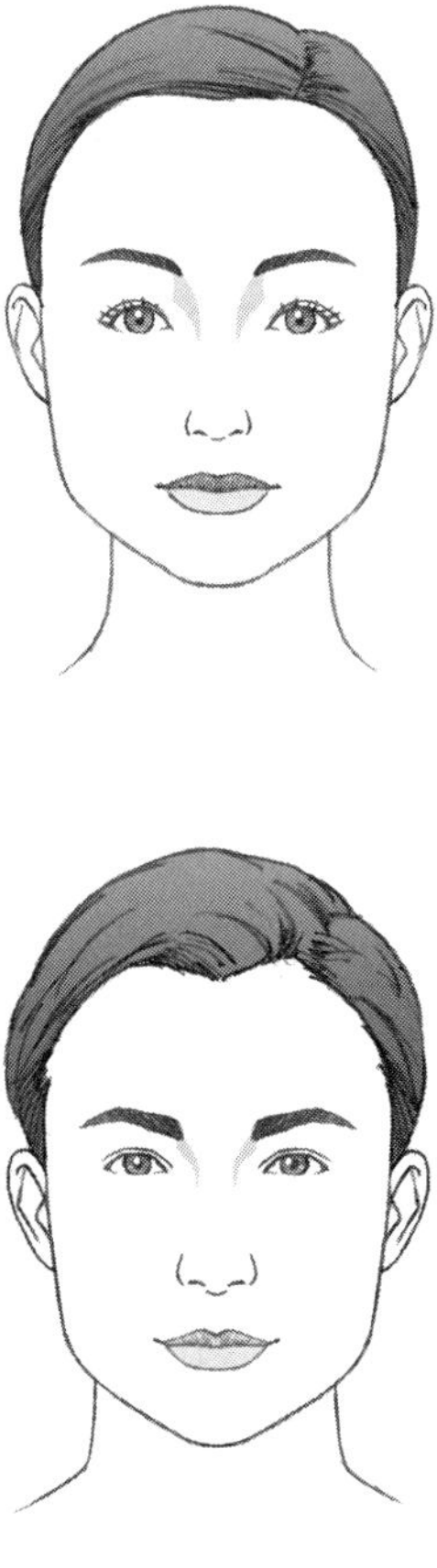

理想主義だが、現実的。好奇心の幅が広い

もちろん、「目の細さ」などパーツ要素が加われば選択の欲求が強くなりますが、基本的には、思考ディラテの人は好奇心の範囲が広くなる傾向があるということです。

また、自分の学歴や知識以外にも、経験値にも強いプライドを持つのが思考ディラテの人。現実にしっかり足のついた行動をとることを好みます。

中には、「自分の目の前からなくなったものは、存在しないも同然」といった極端な現実的思考をする人もいます。思考ゾーンであっても、ディラテという特性が加わることで実利を好む活動ゾーンの特性に近づくのです。

体力が豊富な思考ディラテの人は、人に対する警戒心が弱まります。

もともと思考ゾーンの人は他の人から命令されることを嫌がる傾向がありますが、ディラテに限っては、それほど抵抗を感じないようです。体力がある分、経験から物事を学ぶ傾向が強くなるため、人からの命令にもいちいち敏感に反応せず、まずは、ある程度は受け入れてみることができるのです。

## 想像力を駆使して「有用なもの」を生み出す

現実的な思考をし、外部からの影響を広く受けやすいディラテの人は、レトラクテに比べて自分の内面を深く掘り下げていくことは好みません。またディラテの特徴として、複雑さよりシンプルさを選びたい欲求があります。

そのため、思考ディラテの想像力は豊かであっても、レトラクテほど独創的にはなりません。理想や思考についても、オリジナリティよりも、より汎用的《はんようてき》で大勢にとって有用なものを追求することが多くなります。

言ってみれば、このタイプは自分の思考を現実のものに変えていく展開力に優れているということ。特に、自分が経験したことのある分野や見てわかる世界であれば、いきいきと想像を広げていくことができるでしょう。

しかし、誰も考えなかったような奇抜なアイデアや発想は、やや苦手とする傾向があります。想像したり、思考したりするのは得意でも、人と違う奇抜なアイデアを要求されると少し困ってしまうのです。

このタイプの人は、一般的な慣習や伝統を好むディラテの特性も持ったため、まったく新しいことや今までと違うことを要求されると、負担に思う傾向があるようです。そのため、不可能と思うことへのチャレンジを控《ひか》える傾向があります。

そんな思考ディラテが苦手に思うタイプは、決められた通りに物事を行わない人。

また、思考を重視する分、他人のアイデアも気になります。特に、自分にはできない型破りなアイデアを掲げる人は、まるで目の上のタンコブのような存在。

いろいろと面倒なことを言ってくる人も苦手と感じるため、このタイプがもっとも煙たく思うのは、同じ思考ゾーンの思考レトラクテかもしれません。

しかし、このタイプは前述したように、もともと何かを生み出すよりも、何かを発展させるアイデアに優れている人です。

ですから、思考ディラテに合っているのは、想像力を駆使して、有用なものを生み出す仕事や職場です。

建築家でたとえるなら、先鋭的なデザイナーズマンションなどよりも、皆が使いやすい市営住宅や公団住宅、公共施設などを設計するのに向いています。

「今あるものを有用に配置する」という意味では、企業の人事もいいかもしれません。

思考ゾーンの人ですから、感情論を交えずに的確な人事配置ができるでしょう。

思考ディラテの著名人　▼▼▼　イーロン・マスク（実業家）、カルロス・ゴーン（実業家）、ヒラリー・クリントン（政治家）など

## タイプ②　思考レトラクテ（輪郭がレトラクテで、ゾーンが思考）

### どこまでも自分の理想を追い求める夢想家

顔の輪郭が細長く、長方形か楕円形。さらに顔の中で目から上のゾーンがもっとも面積が大きいか、インパクトが強いのが「思考レトラクテ」タイプの人です。

このタイプの大きな特徴は、「理想を追求しようとする力がさらに深化する」こと。想像や理想を重視する思考ゾーンに内省的なレトラクテの性質が加わると、考え方がより独創的になります。12のタイプのうち、もっともクリエイティブと言えるでしょう。

思考ゾーンの人は、もともと視覚情報に影響されやすいのですが、このタイプの人は自分が選びたい欲求が強くなるため、自分の興味がある範囲に絞られることになります。

また、輪郭が長細くなればなるほど、自分の内側を大事にして「人と一緒」を嫌がる性質が強くなってきます。このため思考レトラクテの人は、自分のオリジナルの理想や思考を突き詰めていく傾向があります。

## タイプ②思考レトラクテ

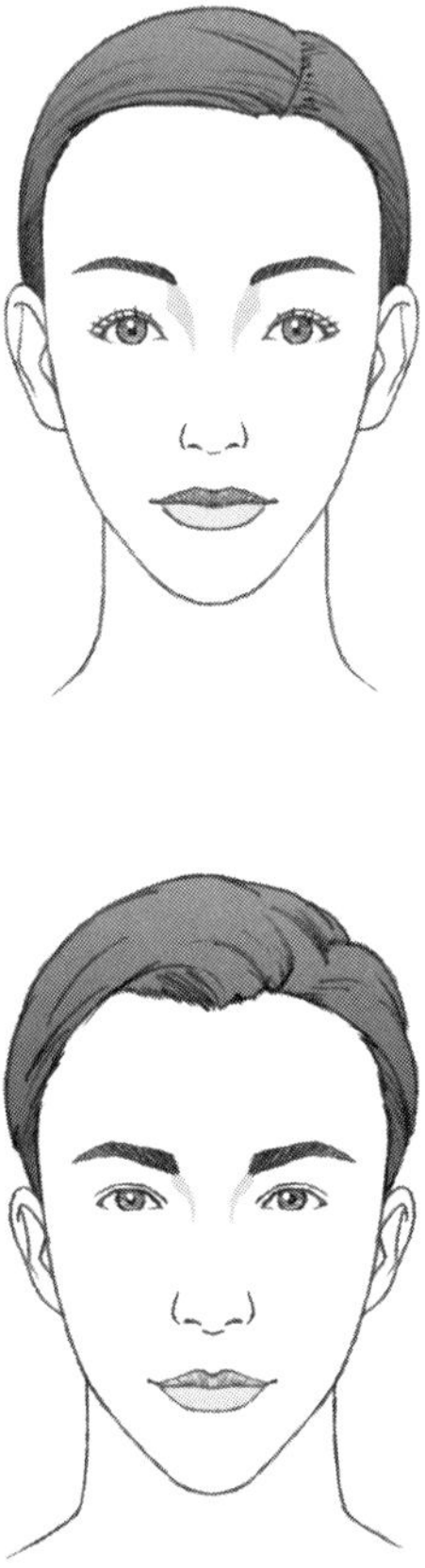

奇抜なアイデアが得意。
自分の理想を追い求める

独創的である分、自分の考えや価値観に固執して、視野が狭くなる傾向があるのも思考レトラクテの特性です。

想像力が豊かなあまり、ともすると豊かすぎる想像力で自分に都合の良いストーリーを頭の中で組み立て、ぐるぐる想像を巡らせてしまうこともあるようです。あるいは、ネガティブな方向に妄想を膨《ふく》らませて自分を過小評価し、自信を喪失することもあります。

たとえば、帰宅してからも嫌いな上司のことを悶々《もんもん》と考え続けるなど、目の前からその現実が見えなくなっても、頭の中の想像によって自分を苦しめてしまうこともあります。

さらに、自分の理想を追い求める思考レトラクテは、自分の世界観に固執し、理想に現実が追いつかなくなることもあります。「理想の妻」や「理想の夫」、「理想の母」や「理想の父」などを追求するあまり、自らのキャパシティを超えるほど無理を重ねて疲れてしまう人もいます。

## クリエイティブだが、現実との接点が薄くなる傾向も

このタイプは、金銭的なものや物質的なものへの嫌悪が強く、現実的な価値や実利にこだわる行動を嫌います。そのため、損得勘定ばかり優先する人や想像力の欠如している人、夢がない人を苦手に思う傾向があります。

また、自分の理想や考えを素晴らしいものだと思っているため、他の人にも押し付けがちです。自分の価値観や考えに合わないものは受け入れがたく、自分以外の人に対して「がさつ」というイメージを持つこともあるようです。自分に対しても、周囲に対しても、自分の理想やプライドを満たさない行動を許さない理想主義者の一面があります。

見えない世界観への憧れを持つ人も多く、スピリチュアルな世界にはまる人が多いのもこのタイプです。

そんな思考レトラクテに向いているのは、誰も思いつかなかったような奇抜なアイデア

を生み出す仕事や職場です。建築家であれば、アーティスティックな住宅や先進的な建物を設計するなど、クリエイティブな能力を発揮する仕事が適しています。

思考レトラクテの著名人 ▼▼▼ ビル・ゲイツ（実業家）、ジェフ・ベゾス（実業家）、マーク・ザッカーバーグ（実業家）、ジョー・バイデン（米国大統領）、バラク・オバマ（政治家）、久保建英（サッカー選手）、羽生善治（将棋棋士）など

## 部下に何度も裏切られた織田信長の真意とは？

思考レトラクテの著名人には実業家や政治家が多く見られますが、歴史に目を向けてみると、戦国武将の織田信長も、楕円形の輪郭を持ち、上部が大きい思考レトラクテです。

歴史上の人物の場合、手がかりはたいてい写真ではなく肖像画になりますが、昔の絵師というのは多少実物より良く描いているにせよ特徴を捉《とら》えるのがきっと上手でしょうから、その特徴から分析してみましょう。信長の肖像画からは、大きなおでこ、尖ったあご、細い目、小さな口、波打った鼻筋などが見てとれますが、それらが表す特性は文献が伝える彼の性格と合致しているようです。

たとえば、細い目。視覚優位の思考ゾーンに加えて目が細い信長は選択の欲求がとても

強く、独特の美意識を持っていたはずです。

実際、信長の建てた安土城の天守閣は豪華絢爛《けんらん》で、独創的な意匠に溢《あふ》れていたと『信長公記』などには書かれています。また、それまでは土を盛って造られていた城の常識を壊して「高い石垣」「瓦葺《かわらぶ》き」「天守閣」という新しい常識をつくったとも言われています。まさに、0から1を生み出す発想力。他にも、安土城を火で飾り付けて日本で初めてイルミネーションを行い、西洋人から献上されたマントやひだ襟《えり》を自ら身に着けて南蛮趣味を流行らせるなど、信長は独創性と美的センスに優れていたようです。

肖像画では、大きな額《ひたい》に対し、活動ゾーンのあごは非常に細くなっています。

ですから、相貌心理学で見る限り、織田信長という人は強く自分に自信を持つことができず、最後まで信念を貫き通すのは難しかったのではないかと思われます。

もしも信長のあごがもっと大きくどっしりとしていて、あご先が横顔から見てグッと前に出ていたら（図版111ページ）、道半ばで暗殺されることもなく、日本の歴史も大きく変わっていたのではないか。そう考えられるのです。

そもそも、信長は明智光秀以外の部下からも何度も裏切られています。

松永久秀《まつながひさひで》ほか多くの家臣に謀反《むほん》を起こされても、信長はそれらを許す発言をしたと言われています。

何度も部下に裏切られたのに、なぜ信長は許したのでしょうか？

それは、自分で選んだ相手だからです。

「俺が選んだ人物だから、俺の考えに間違いはない」という思いがあるため、謀反に対しても「何か事情があったはずだ」と想像力を膨らませて相手を理解しようとするのです。

まさに思考レトラクテらしい捉え方と言えますが、彼の場合は特に、輪郭は細長いものの、下まぶたの肉付きはふっくらしています。これも、ある程度の寛容性があり、自分が選んだ相手には優しいことを表しています。

現実から乖離《かいり》した思考が、信長の命取りとなってしまったのではないでしょうか。

ちなみに、信長の死後に天下を取った豊臣秀吉は「感情レトラクテ」です。

彼の肉付きの薄さは環境に敏感に反応することを、大きな張り出した頬骨《ほおぼね》は衝動性が強いことを示しており、何かが起きたら後先を考えずに行動する傾向が見て取れます。

そして、後に長期安定政権を築き上げた徳川家康は、顔の下半分がどっしりした「活動ディラテ」タイプ。目に見えることがすべてで「見えないものなど、信じるに値しない」と考えるほどの超現実主義者だったと言えるでしょう。

## タイプ③　感情ディラテ（輪郭がディラテで、ゾーンが感情）

### 協調性や共感はピカイチ！

輪郭が正方形か丸形で、目の下から唇《くちびる》の上までが拡張している「感情ディラテ」。

このタイプの強みは「皆のために役立ちたい」という協調性や公共心が強いことです。12のタイプの中ではもっとも社会性が高いと言えるでしょう。特定の相手だけでなく、皆のために役に立ちたいと思って行動する傾向があります。

もともと感情ゾーンの人には他者に愛情を強く求める一面がありますが、感情ディラテの場合はディラテの特性が加わることで、寂しがりやの度合いがさらにアップ。

ですから、このタイプの人はとにかく「皆に好かれたい」と考えます。一人でも多くの人、たとえよく知らない相手からでも愛されたい、良く思われたいと、どこまでも承認欲求を満たしたがる一面があるのです。

体力に溢れ、寛容性の高い感情ディラテの人は、自分の知らない人ともすぐに打ち解けることができます。

また、感情ゾーンの人はもともと褒《ほ》め言葉やおだてに弱い傾向がありますが、レトラクテは自己防衛力が高いので疑り深く、多少褒められても「もしかしたら何か裏があるのかも」といぶかることもあります。しかし感情ディラテの場合は人から褒められれば素直に喜び、その喜びがまた次の行動のモチベーションへつながっていくのです。

## タイプ③感情ディラテ

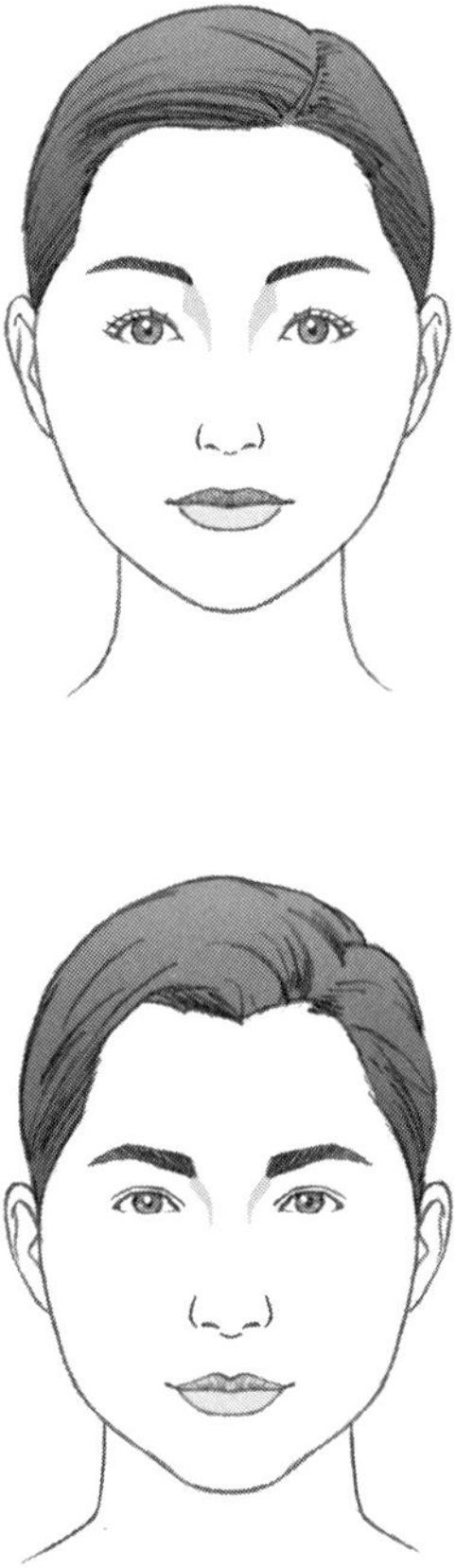

共感と協調性はバッチリ。
皆と一緒に行動することを好む

**周りの人のことが気になって仕方がないという一面も**

一人で行動するのは寂しいと感じ、「何でも皆と一緒にやりたい」、「食事や旅行も、人と一緒がいい」と考えがちな感情ディラテ。

このタイプには、周りのことが気になってしょうがないという一面もあります。

もともと感情ゾーンは周りの人の目を気にしやすい傾向があるのですが、ディラテの人は「目の前にある現実がすべて」と捉えがちです。目の前の人たちからどう見られているかを気にしすぎて、身動きできなくなってしまうこともあります。

ですが、共感によって気持ちが満たされやすく、自分に共感してくれる人がいれば、すぐに立ち直るのもこのタイプ。

他のタイプから見れば、気分が変わりやすいご都合主義に映ることもあります。

そういえば、ＳＮＳなどに皆で撮った集合写真をアップする傾向があるのは、たいていこの感情ディラテタイプが多いようです。集合写真を勝手にアップされるのを好まない方から見ると、信じられない行為かもしれませんが、このタイプの人は「皆で一緒に楽しかったから」「いい記念だから」と、悪気はまったくありません。

感情ディラテタイプの人にとっては、皆で一緒に行動できたことこそが素晴らしいことであり、喜ばしいことなのです。
感情豊かで協調性の強い感情ディラテに向いている職業は、人と直接的なコミュニケーションをとる仕事です。たとえば介護士や看護師、保育士など、人を支える仕事にも向いています。

感情ディラテの著名人　▼▼▼　北野武（タレント）、ロナルド・レーガン（政治家）など

## タイプ④　感情レトラクテ（輪郭がレトラクテで、ゾーンが感情）

**感情豊かだが、「一人」を好む**
輪郭が長方形か楕円形で、目の下から唇の上までの感情ゾーンが拡張している「感情レトラクテ」。
感情優位の感情ゾーンではありますが、ディラテの人ほど大勢の人とつるむのを好まないのがこのタイプです。

## タイプ④感情レトラクテ

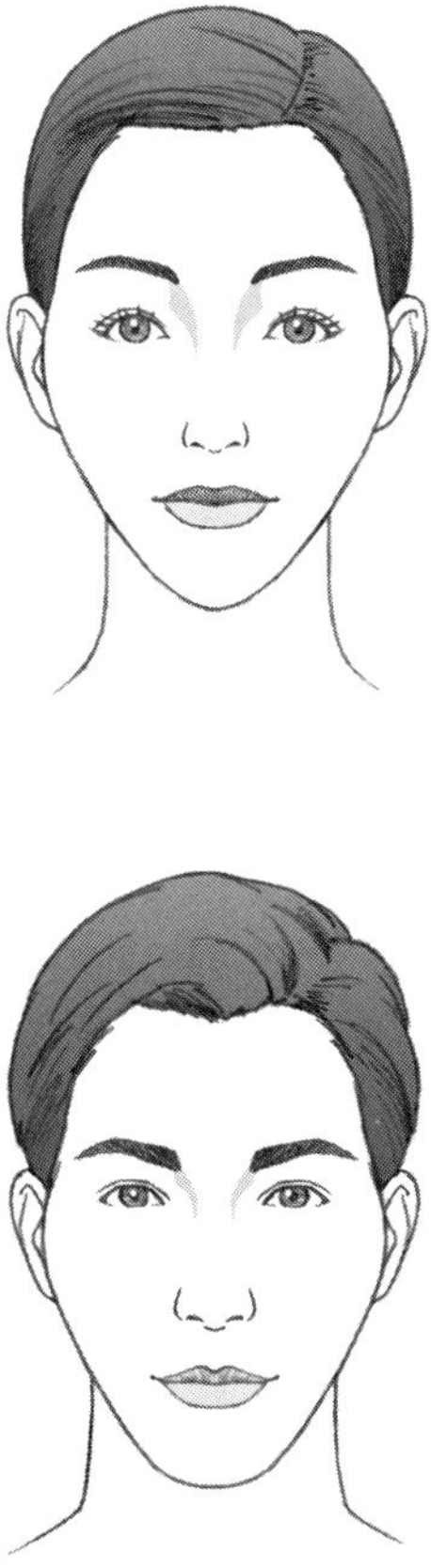

感情豊かで協調性もある。
でも一人が大好き

内省的な傾向が強く、自分時間を優先するので孤独には強いのです。たくさんの人とコミュニケーションをとるには体力やエネルギーが足りないため、自分の選んだ範囲の人とだけ付き合いたいと考えます。

感情豊かで協調性はあるのですが、それが向くのは自分がしっかり選んだ相手のみ。むしろ大勢の人とコミュニケーションをとることを嫌がる傾向があります。

そんな感情レトラクテは、常に「皆で仲良く」を求めてくる感情ディラテに対しては、複雑な思いを抱くことがあるようです。

モチベーションの源になるのはともに「共感」や「感情」であっても、それを求める方向性がまったく違うのです。どんなことでも皆で一緒にしようとする感情ディラテを、多少煙たく思ってしまうこともあるかもしれません。

先ほどの思考ディラテと思考レトラクテもそうですが、同じゾーンでも輪郭が違う場合は、お互いに求める価値観が同じでも、それを表す方向や量が違います。お互いが似ている分、相手の行動が理解できないと反発し合うこともあるようです。

感情レトラクテにも「人から認められたい、愛されたい」という承認欲求がありますが、感情ディラテの承認欲求とは違います。やはり自分の選んだ環境の中だけで承認欲求が満たされることを求めます。

### 繊細で人の目を気にしやすい

感情ゾーンが拡張している人は、理性よりも好き嫌いで物事を判断しやすい傾向があります。「好きか、嫌いか」という白黒がはっきりしているのです。

しかし、ディラテの場合は寛容度が高いため、「でも、これもありかな」というグレーゾーンが出てきます。好きとは言えないけど、嫌いとも言えない、ときには悪くない……といった曖昧さが出てくるのです。

感情レトラクテには、その曖昧さがありません。輪郭が細長くなればなるほど、自分で選びたい欲求も強くなるため、好き嫌いがより激しくなり、好きなものは好き、でも嫌いなものには見向きもしないという傾向も助長されます。

感情レトラクテの強みは、孤独に耐えられること。ディラテの場合、一人で過ごすことはかなりの苦痛になりますが、このタイプは大丈夫です。

一方、感情レトラクテが苦手なのは、人から感情を押し付けられることです。自分は感情を押し付けやすいのですが、人からの押し付けを嫌がるのです。

また、イライラしたり、腹を立てたりしたときに、精神面を支える体力が乏《とぼ》しいため、感情が暴走しがちです。

特に人の言葉に敏感な感情レトラクテは、人から何か言われるとモチベーションが落ちてしまいます。あなたがこのタイプなら、人からほんの少し批判されただけで自分の仕事のすべてが否定されたように感じたり、自分の考えに賛同してもらえないと自分の存在価値がないかのように感じてしまったりするような一面があるのではないでしょうか。

自分ではどうしようもないことでも悩みがちなのが、感情レトラクテの人です。

しかし、このタイプが癒され、救われるのもまた、周りからのフォローの声なのです。

「君はよく頑張っているよ」「あなたは大丈夫！」などと励《はげ》まされることで、自信を回復します。また共感を重視するため、落ち込むことがあっても、自分の信頼する人から共感を得られれば、すぐに立ち直る一面もあります。

　このタイプに向いている仕事は、感情ディラテと同じようにコミュニケーションを活かす仕事です。ただし、相手の人数が限られているものや個別に対応する仕事が向いています。

　介護の仕事であっても一度に対応する人数が少ないケアマネジャー、洋服の販売員でも、量販店よりも高級ブランド店を選ぶ傾向があります。あるいはセラピストや通訳、ウエディングプランナー、結婚相談所の相談員などにも向いています。

感情レトラクテの著名人　▼▼▼　レディー・ガガ（歌手）、柳井正（実業家）、大坂なおみ（テニス選手）、羽生結弦（フィギュアスケート選手）、大谷翔平（野球選手）、明石家さんま（タレント）、アンミカ（タレント）など

## タイプ⑤　活動ディラテ（輪郭がディラテで、ゾーンが活動）

### 実用性が何より大切な超現実主義者

「活動ディラテ」の人は、前述した徳川家康のように輪郭が正方形か丸形で、口元やあごなどの活動ゾーンがしっかりしているタイプの人です。

　このタイプの特性を一言で言うならば、「超現実主義」。

　自分の欲求に忠実で物質的な価値を重視する活動ゾーンの特徴がさらに助長されるため、相手の価値をしっかり見極めて、それをできる限り有効に使おうとします。

　このタイプは、自分の言動が人にどう思われるかは、自分が損をしない限りは気になりません。また、気の合わない人がいても、なるべく喧嘩《けんか》や衝突を避ける傾向があります。

　なぜなら、争ってもメリットがないからです。

　このタイプがもっとも重視するのは実利です。自分にとって使えないものは必要ないというくらい超現実主義の傾向があります。

## タイプ⑤活動ディラテ

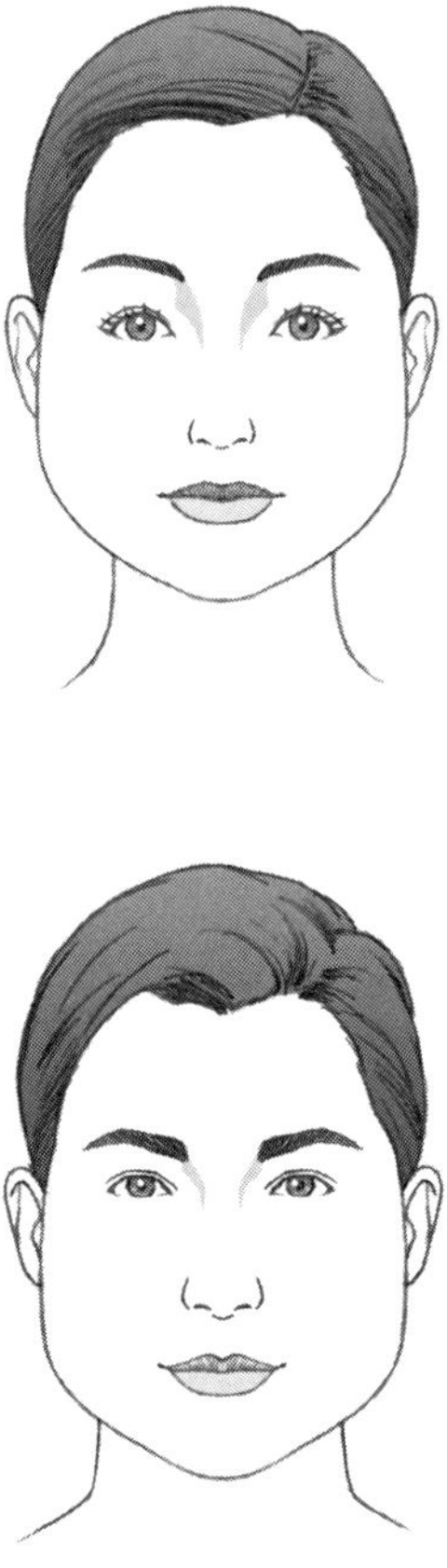

実用性が何より大事。超現実主義者

活動ディラテにとって、叶《かな》えられない夢は夢ではありません。叶えられないくらいなら高い理想など追求せず、あっさり他の夢に変更することでしょう。

プライドが高いといっても、その内容は現実的なので、周りも理解しやすいものです。

このタイプが苦手なことは、目に見えない世界の話や空想の話など、現実的ではないものを想像することです。特に、お金にならない夢物語には価値を感じません。

また、「自分が経験したことのないことを初めて体験する」「居心地の良いテリトリーから出る」「新しい考え方を学ぶ」といった行為も、このタイプはあまり得意ではないようです。そのため、新しい生活習慣やスタイルの変化を好まない傾向があります。

反対に、このタイプが好むのは長年続く伝統や習慣です。自分が経験によって得てきた価値観を大事にします。

ですから、活動ディラテの方にとって、コロナ禍の自粛生活というのは特につらく感じられるかもしれません。もちろん感染症はすべての人に災いや心痛をもたらしますが、今までの世界とはまったく違うルールに従わなくてはいけないことを考えると、活動ディラテタイプにとっては特に生きづらく感じるのではないかと思います。

身体を動かす仕事の人は別ですが、家で長く過ごさなければいけないことも、体力を持て余す活動ディラテには、より窮屈に感じるかもしれません。

## 性に合うのは、身体を使った仕事やものづくり

現実的なものに触れること、また実利性のあるものを作ることを好む活動ディラテには、手先が器用な人が多く見られます。

日曜大工や裁縫、編み物、庭仕事など器用な手先を使って何かを創ることが得意です。

実業家でファッションデザイナーのココ・シャネルもこのタイプでしたが、孤児院で裁

縫を学んだ彼女は手先の器用さを活かしてお針子となり、後に自立した女性のための機能性を備えたファッションをつくり出して大成功しました。

また、一般的にこのタイプの人は触覚とともに味覚にも優れているため、料理も得意。料理を作る際には、たとえば視覚にこだわる思考ゾーンの人であれば盛り付けや見た目を気にする傾向がありますが、活動ディラテの場合は、質より量です。

もちろん、活動ディラテでも目や口が非常に細い場合などは繊細さが加わりますが、タイプとして大枠で捉えると、見た目や質にこだわるのではなく、量が大事になります。

そんな活動ディラテには、器用さを活かして自分の身体を使い、何かを創る仕事が向いています。

たとえば農業や工業、服飾業、建設業、飲食業など、ものづくりに関わる職場では特に才能を発揮できるでしょう。

活動ディラテの著名人　▼▼▼　ココ・シャネル（デザイナー）、葉加瀬太郎（ヴァイオリニスト）、アンタッチャブル・山崎弘也（タレント）、稲垣啓太（ラグビー選手）など

## タイプ⑥　活動レトラクテ（輪郭がレトラクテで、ゾーンが活動）

**合理性に創造性が加わって、独特の世界観を持つ**

「活動レトラクテ」は、輪郭が長方形か楕円形で、口元やあごなどの活動ゾーンの面積が大きい、あるいは口元にインパクトのあるタイプの人です。

このタイプの人は、活動ゾーンの現実主義に、内省力や想像力が加味されます。

基本的には合理性や実利などを基準に物事を考えるものの、そこに自分の考えや理想が入ることで、視野の拡大につながるのです。活動ディラテの人であれば目に見えないことは信用しないためストレートに実利に向かうところが、レトラクテゆえの想像力がプラスされるため、独自の世界観を持つようになります。

合理性に創造性が加わって、その人だけの世界観ができあがるのです。

合理的である上に、自分の価値観をしっかり持っている活動レトラクテの人は、自分にとってのメリット、デメリットを見極めるのが得意です。

## タイプ⑥活動レトラクテ

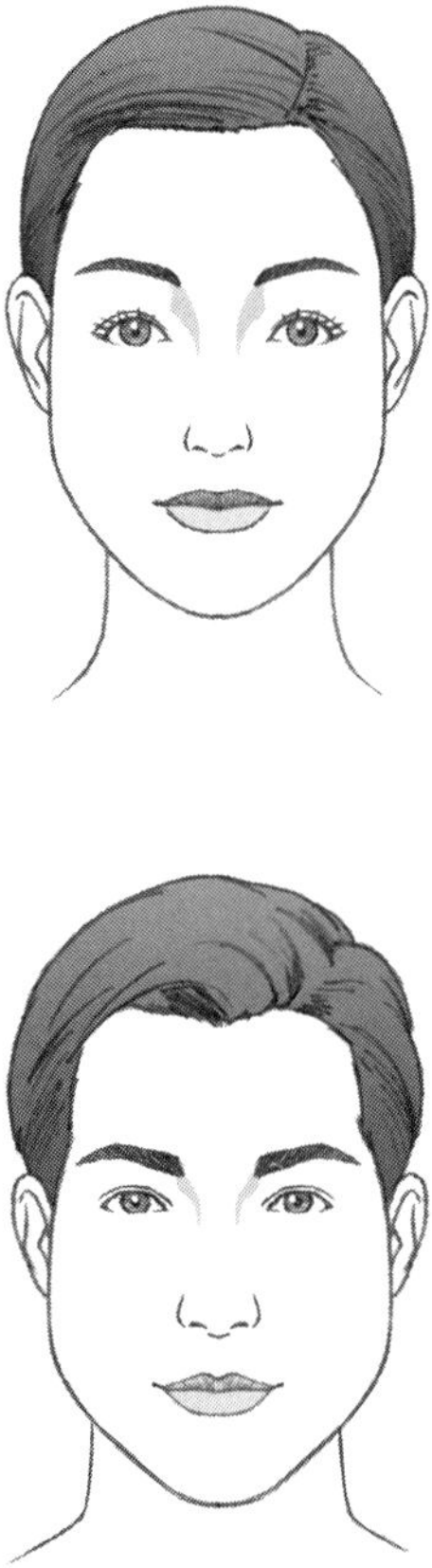

合理性に創造性が加わり、
展開力で独自の世界観を作り出す

自分の理想が満たされ、かつ無駄な動きを避けようとする傾向があり、自分にメリットがなければ動きません。言い方を変えると、このタイプと一緒に動く際は、相手の理想に即したメリットを説明することが大事です。

また想像力が豊かな分、相手にどう言えば自分にとって有利に動いてくれるか、相手にどう振る舞えばメリットがあるかなどを見極めるのも得意です。

## 向いているのは、独創的なものづくり

活動ディラテと同じように味覚や触覚に優れていますが、活動ディラテが「量」を重視するのに対し、活動レトラクテは「質」を重視します。

そんな活動レトラクテに適しているのは、こだわりの強いものづくりや頭と体を使う職業です。たとえば農業でも、有機農法や無農薬栽培など、こだわりを持った農業に取り組む人がいますが、活動レトラクテはまさにこのタイプ。

活動レトラクテの著名人は左記のような人々ですが、なかでも日本マクドナルド株式会社会長のサラ・カサノバ氏は、過去最大の赤字で経営危機に陥っていた日本マクドナルドを「V字回復」させた立役者です。この方は大学院では経営学を学んでいたそうですが、インタビューによると子どもの頃からマクドナルドが大好きで「ビッグマック、マックフライポテトと恋に落ちた」ため、マクドナルドに入社したそうです。食に対するこだわりと経営学の合理性を兼ね合わせているという意味では、まさに活動レトラクテらしい選択と言えそうです。

活動レトラクテの著名人　▼▼▼　カニエ・ウェスト（歌手）、香取慎吾（タレント）、今井美樹（歌手）、ヘンリー王子（イギリス王室）、サラ・カサノバ（実業家）など

## タイプ⑦　思考・感情二重拡張ディラテ
### （輪郭がディラテで、ゾーンが思考＋感情）

**豊かな想像力と高まるエモーションが才能を開花させる**

次の二つは、二重拡張のタイプです。

まず、輪郭が正方形か丸形で、思考ゾーンと感情ゾーンがどちらも拡張している「思考・感情二重拡張ディラテ」。

このタイプの人は、思考ディラテと感情ディラテの要素を併《あわ》せ持《も》っています。そのため基本的にはその二つの項目を参照にしていただきたいのですが、このタイプの場合、特筆すべきは「体力」と「行動力」です。

49ページで触れたように、思考＋感情の二重拡張の人というのは知的活動と感情活動の両方に優れているものの、バランスが悪ければ、その二つの板挟みになって行動が止まってしまうというリスクも持っています。

しかし、思考・感情二重拡張ディラテの人は体力があり、コミュニケーションが外向きになるという特性が加わるため、行動が止まることはありません。

そのため、このタイプの人は「思考」「感情」の二つの車輪が「体力」と「行動力」に支えられてバランスよく回っているため、素晴らしい才能を開花させる可能性が非常に高くなります。また、豊富な体力が寛容性と順応性を補うので、どんな環境にも馴染《なじ》みやすい傾向があります。

このタイプの人は、コミュニケーションを通して知的活動がさらに高まっていくことで

## タイプ⑦
## 思考・感情二重拡張ディラテ

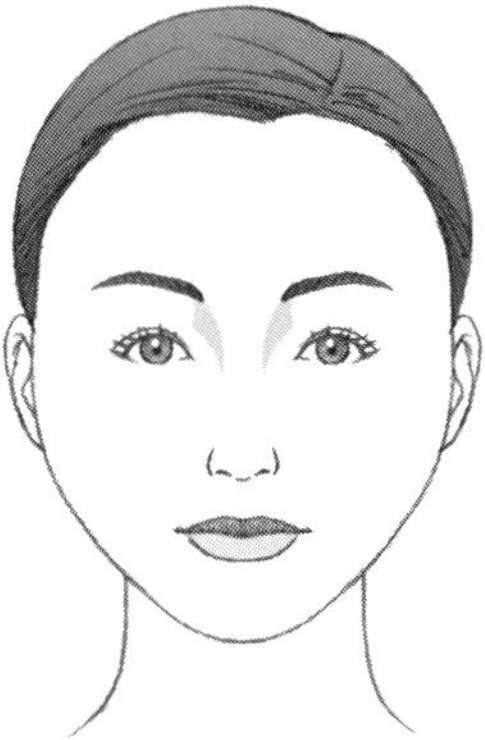

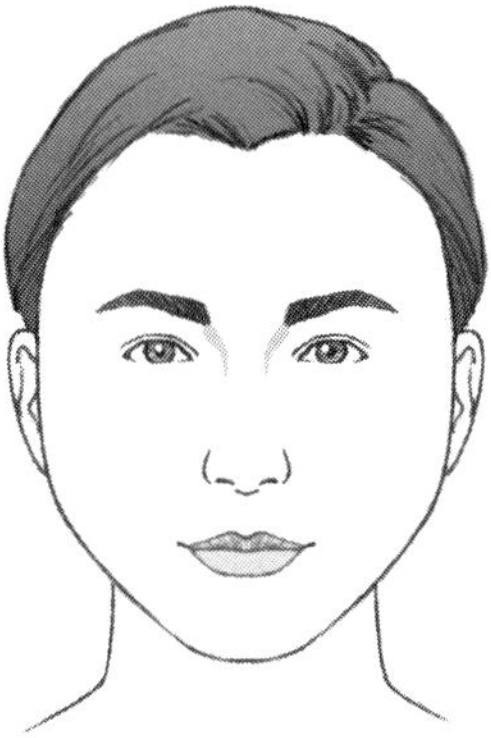

想像力と高まるエモーションで
多様な才能を開花させる

満足感を得るため、思考とコミュニケーションが必要とされる仕事が向いています。

また、チームワークもいいでしょう。このタイプの人は、多少難しい仕事であっても、「自分を成長させる糧」として挑戦していく気概を持っています。


思考・感情二重拡張ディラテの著名人 ▼▼▼ ウラジーミル・プーチン（政治家）、本田宗一郎（実業家）、前澤友作（実業家）など

## タイプ⑧ 思考・感情二重拡張レトラクテ
### （輪郭がレトラクテで、ゾーンが思考＋感情）

**想像力と溢れ出る感情のはざまで行動が止まる傾向が**

最後にご紹介する「思考・感情二重拡張レトラクテ」は、思考ゾーンと感情ゾーンがどちらも拡張していて、輪郭が長方形か楕円形の人です。

このタイプの人も、思考レトラクテと感情レトラクテの要素を併せ持ち、知的活動と感

情活動から同時に得られる刺激がなければ満足できません。

しかし、レトラクテである分、体力では支えられず、理性と感情がぶつかり合う傾向があります。理性で考えると感情が邪魔をし、感情で考えると理性が邪魔をしてしまうのです。このように知的活動と感情活動の二つがうまく回らないと、どうしたらいいかわからなくなり、行動が止まってしまうこともあります。コミュニケーション上では、言葉が出なくなることもあるようです。

セッションやセミナーでお会いするこのタイプの方にお話を伺《うかが》うと、往々にして、ご自

## タイプ⑧
## 思考・感情二重拡張レトラクテ

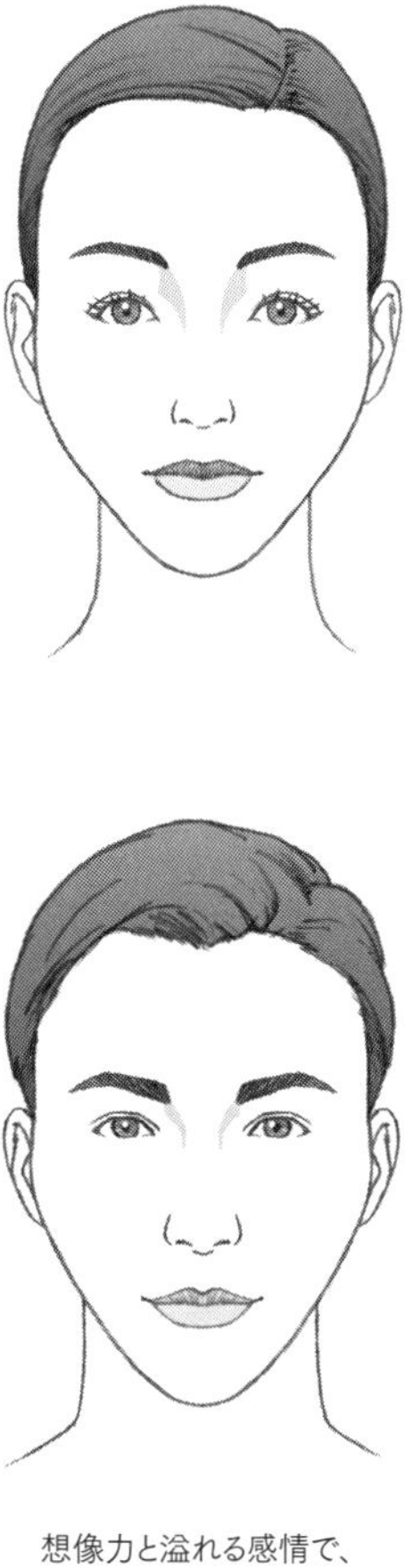

想像力と溢れる感情で、
独創的な独自の世界観を持つ

分は「思考ゾーン」であると認識されている場合が多いようです。実際、自分の感情を受け入れられない人も少なくありません。

　というのも、このタイプの人は、感情よりも思考を優位に捉えているからです。自分はきちんと理性で物事を考えているし、理性で感情をコントロールできないのは、大人として恥ずべきことである。そう信じるからこそ、自分の感情を認めることができないのです。

　しかし、本来は感情面にも非常に敏感なタイプであるため、どうしても理性では割り切れない部分が出てきます。嬉しいとか悲しい、孤独で寂しい、あの人に負けて悔しい……といった、理性では説明できない感情が溢れ出てきて、止めようと思っても止められません。そんな自分自身のことを許せないのです。

　そのため、必死で自分の感情を抑《おさ》えようとします。

　でも、溢れ出る感情を無理に抑えようとすれば、やはりどこかに支障が出てくるもの。自分で自分を追い詰めて、苦しくなってしまいます。

## 自分の感情を認めることが、才能を開花させるコツ

　ポイントになるのは、活動ゾーンがしっかり思考・感情ゾーンを支えているかどうかです。たとえば、画家のサルバドール・ダリは思考・感情の二重拡張レトラクテですが、し

っかりした活動ゾーンが、思考と感情に富んだアーティスティックな才能を支えています。

もしも活動ゾーンがそれほどしっかりしていないのであれば、まずは自分が「思考」と「感情」という二つの車輪を持っていることを自覚することが大切です。

そして51ページで触れたように、場面に合わせて思考と感情を使い分けること。

また、自分の感情面をしっかり見つめることも忘れないでください。

思考を重視してもいいのですが、自分の感情をないがしろにしてはいけません。悲しいと思う自分、寂しいと思う自分、悔しいと思う自分も、無視せずに受け入れることです。ときには感情的になってもいいのです。

ポジティブなものであれネガティブなものであれ、自分の感情を認めることができるようになれば、もっと自分を客観的に見ることができるようになるはずです。

すると、感情の高まりがさらに知的活動を刺激して、二つの車輪が力強く回るようになります。嬉しいとか悔しいという自分の感情さえもエネルギーに変えることができれば、理想とエモーションが結びつき、まさにアーティスティックな才能が開花するでしょう。

また、このタイプの人は、思考・感情二重拡張ディラテよりもさらに抽象的な思考を深める傾向があり、独特の世界観を作り上げる人もいます。

思考・感情二重拡張レトラクテの著名人　▼▼▼　サルバドール・ダリ（画家）、オードリー・タン（政治家）、カマラ・ハリス（米国副大統領）、盛田昭夫（実業家）、井深大（実業家）など

**文豪に多い思考・感情二重拡張レトラクテ**

興味深いことに、日本の近代作家には、この思考・感情二重拡張レトラクテが多く見られます。代表的な文豪の中では、芥川龍之介、三島由紀夫、太宰治、夏目漱石などがそうです。それぞれに顕著な特徴が見られますので、一人ずつ見ていきましょう。

まず芥川龍之介の場合、細長い輪郭と顔の肉付きの薄さが示すのは、自らを守ろうとする防衛力の強さです。拡大した思考ゾーンに対して、あご先が細くなっています。自分以外の人間はすべて「がさつ」と思うくらい神経質であったことがうかがわれます。

また、好奇心を満たす知識や情報収集に対しては寛容でも、コミュニケーションに対する寛容性は低い傾向があります。

思考・感情二重拡張レトラクテの人は、活動ゾーンが思考と感情の二つのゾーンを支え切れていないと、思考か感情のどちらかに倒れやすくなりますが、芥川龍之介の場合は、思考に倒れるタイプ。豊かすぎる想像力、そして高まるエモーションという衝動性を少な

い体力で支えきれなくなると、安住の地である想像の世界に浸り、夢想にひた走る傾向があります。

三島由紀夫も思考・感情二重拡張レトラクテですが、彼の場合は活動ゾーンもそれなりにボリュームがあるため、現実との接地点はしっかりしています。

しかし、あごの形状を見ると、左右非対称でアンバランスな形です。これは行動が不安定であることを表しています。現実との接地点はあるにもかかわらず、バランスが悪いために自らの衝動性を抑えられないのです。

こうしたタイプの人は、感情が高まるとともに、周囲にも本人にも予測できないような突飛な行動を起こすことがありますが、まさに最後の割腹自殺はその典型例と言えるでしょう。

太宰治も、思考・感情二重拡張レトラクテですが、活動ゾーンのあごはしっかりしており、横顔から見るとあご先が眉頭《まゆがしら》より少し前に出ています（図版111ページ）。どっしりとしたあご先は、自分自身を信頼していることを、横から見て前に出たあご先は、野心を自分の力だけで実現できることを示しています。

彼は比較的細い目をしており、横から見ると目が奥まっています。

目は情報をキャッチする力を表します。目を「編み目」と捉えてみると、目が細いということは必要な情報だけが通過するということを表します。つまり、自分で情報を選び取らないと気が済まないということです。

また、横顔から見て奥まった目は物事から一歩下がって見ることができる、つまり物事を客観視できるということを示しています。

ただし彼のように目が奥まりかつ細い場合は、自分に有益な情報を選び取りたい欲求がさらに高まることになります。つまり自分の考えや価値観に固執しがちであることを表しています。

さらに、少しへこんだこめかみ（ルールにとらわれやすい）からも「自分はこうでなくてはならない」とこだわる理想主義的な傾向が見られ、自分で自分に足枷《あしかせ》をかけていることが見てとれます。

彼の場合、特筆すべきは頬骨の大きさです。頬骨の大きな人は「愛してほしい」「認められたい」という承認欲求が強いことを表しています。また愛情や賞賛を求めるあまり、感情が高まると、時に衝動的な行動を起こしてしまうことがあるのです。

次に夏目漱石ですが、彼の場合は目の細さや鼻の肉付きの薄さなど、細長い輪郭に神経質さが表れています。感受性が敏感で、周りの影響に大きく左右される傾向があります。

しかし彼の場合は、口もしっかり閉じていて自制心も強く、二つのゾーンを支える活動ゾーンとのバランスも安定しています。前の三者と同様に思考・感情二重拡張レトラクテですが、想像力や共感力に優れているだけでなく、展開力も兼ね備えたタイプ。知的探究心が感情を高揚《こうよう》させ、この高揚感がさらに想像力を刺激したことでしょう。

若干下がっている目は、目の前の出来事をじっくり見つめ、人の話にしっかり耳を傾ける力があることを示しています。

## 著名な政治家に多い、思考・活動二重拡張タイプ

ところで、日本の文豪には思考・感情二重拡張レトラクテが多く見られますが、政治家には思考ゾーンと活動ゾーンの二重拡張タイプが多く見られます。

思考・活動の二重拡張タイプは一般的にはかなり少ないため、本章では割愛しましたが、政治家や成功した実業家などの中には時折、見かけることがあります。政治の世界では理想だけでなく、行動も伴わなければ政策を実行していけませんから、思考ゾーンに加えて活動ゾーンも拡張しているタイプが活躍するのでしょう。

Ｊ・Ｆ・ケネディ、中曽根康弘は思考・活動二重拡張ディラテ。リチャード・ニクソン、ビル・クリントン、田中角栄は思考・活動二重拡張レトラクテ。

思考・活動の二重拡張タイプには、現実をしっかり見て、そこからやるべきことを判断し、実際の行動に移していく力があります。思考と活動がともに拡張していると、自分の

夢のために必要なことをきちんと実現できる傾向が強くなるのです。

これは政治家だけでなく、経営者や起業家も同じです。

もちろん政治には合理的な視点が要求されるため、理論重視の思考ゾーンの人が多いのですが、思考ゾーンだけの場合、理想を国民に伝えることには長《た》けていても、活動ゾーンに支えられなければ実現力には欠ける傾向があります。特に輪郭の細いレトラクテの場合、その傾向が顕著になります。

ちなみに、安倍晋三元首相、小池百合子都知事は、ともに感情レトラクテ。

感情ゾーンの政治家は、共感や「見せ方」にこだわる傾向があります。また、このタイプは感情に左右されやすいことに加え、耳からの情報に敏感なため、自分の評判を気にしすぎる傾向があります。情勢がよければ人気が出てモチベーションも上がりますが、情勢が悪くなり、自分の評判が下がれば、意欲も下がってしまいます。

ただし、自分の弱みがわかっていれば、足りない部分については専門家やブレーンをつければいいでしょう。たとえば「思考係」「活動係」というように、その分野に実績を持つブレーンを二、三人つけて、彼らの意見を聞きながら政策を進めていけばいいのです。

何でも一人でやろうとすると、当然のことながらできないことも出てきますし、体力も消耗して疲れてしまうだけです。

# 第3章

# 顔はあなたの〝今〟を語る

## ――外面と内面を変える方法

# 1　顔のパーツから今の自分を理解する

**顔は環境や内面の変化で変わる**

これまで顔の輪郭《りんかく》やゾーンについて見てきましたが、輪郭やゾーンで自分の特性を知ったことで自分に自信を持てるようになる人がいる一方で、もしかしたら、自分の分析結果を残念に感じている人もいるかもしれません。

というのも、顔は変わらないと思っている人が多いからです。自分の顔はもう変わらない、だからこの性格も変えられないのだ、と。

いいえ、顔は変わります。

環境の変化や内面の変化によって顔は変わっていくのです。基本的に変わらない部分もありますが、環境が変わることで変化していく部分も少なくありません。

そこで、本章では、目や鼻などのパーツ（器官・部位）が表す特性について触れながら、自分の顔の変化を読み取る方法について紹介していきます。

基本的に、環境によって変わっていく部分は、目、鼻、耳、肉付き、口です。

そして変わらない部分は、輪郭、額《ひたい》、頬骨《ほおぼね》、あごです。これらは成長期が終わるまでに形成され、それ以降、大きく変わることはあまりありません。

とはいえ、たとえば終章で紹介するイーロン・マスクや北野武といった人たちのように、若い頃は細かった輪郭が、歳を重ねるとともにがっしりしてくることがあります。輪郭は基本的に変わらないと言われていますが、これまでに大勢の顔を見てきた結果、個人的には変わっていく人もいると私は考えています。

もちろん、誰でも歳を重ねることによってシワができ、皮膚がたるんでいくなどの変化が見られますが、実は、顔が変化するもっとも大きな要因は環境によるものです。

環境の変化によって内面の感じ方が変わることで、数ヶ月や半年、一年といった短期間で、顔の印象が大きく変化することもあるのです。

たとえば、人が笑顔をつくるときには大頬骨筋《だいきょうこつきん》や笑筋《しょうきん》といった筋肉が使われますが、こうした筋肉は、使えば使うほど発達していきます。筋肉の動きは他の部位にも影響を及ぼし、肉付きのハリが良くなるほか、口角も上がります。

しかし笑わない生活を続けていれば、使われない大頬骨筋や笑筋は退化していきます。すると肉付きのハリがなくなり、口角が下がります。しかめ面をしていれば、眉間《みけん》にはしわができます。

また、人は二〇種類以上の表情筋を使うことでさまざまな表情をつくっていますから、表情筋が退化すると、表情に乏《とぼ》しい顔になります。自分では微笑んでいるつもりでも、どこか不機嫌そうな顔や悲しそうな顔に見えてしまうこともあるのです。

このように、相貌心理《そうぼうしんり》学的《がくてき》には、顔は「内面を表す鏡」と言えます。感受性がキャッチした環境や他者からの刺激が伝わって内面が変われば、顔も変わっていくのです。今まさにその人が置かれている環境が顔に表出するということです。

ですから、顔の変化をキャッチすることで、心理状態を把握することも可能になります。当然、自分の顔の変化を読み取ることはセルフマネジメントにつながります。

## 目には自分の内面がもっとも表れる

現在の自分の内面を知る上で、もっともわかりやすいのは目です。

目は、主に「情報・知識をキャッチする力」を示しています。

たとえばぱっちりとした大きな目は、好奇心旺盛で新しい情報や流行に敏感であることを表しています。ただし自分の処理能力以上の情報を集める傾向があります。

反対に、細い目は選択したい欲求が強く、選択基準である独自の考えに固執して視野が狭くなりやすい傾向を表します。

ですから、もしもあなたが「最近、何だか目が細くなってきたな」と思うようであれば、選択の欲求が強くなっているということです。何かにこだわりたい傾向が強くなっているのかもしれません。

また、上がり目（目尻の上がった目）は、意志の強さを表します。目標を掲げ、それに向かって頑張ろうと切磋《せっさ》琢磨《たくま》しているときは目尻が少しずつ上がってくることがあります。同時に、上がり目は人の話に耳を傾けない傾向も表しますから、自分の目が上がってきた

**目は情報・知識を**
**キャッチする力を表す**

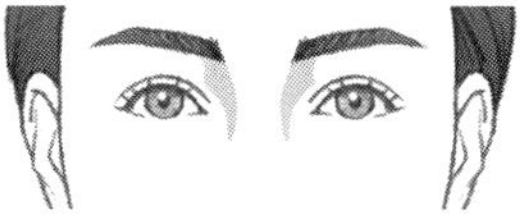

ぱっちりとした大きな目の場合は、
好奇心旺盛

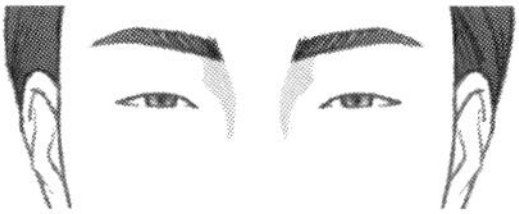

細い目の場合は、
選択したい欲求が強い

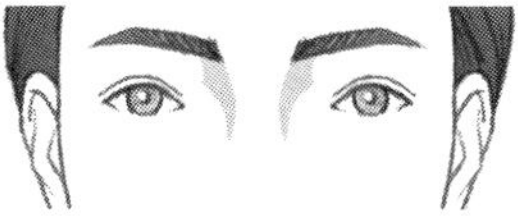

目と目の間の距離が広い場合は、
好奇心旺盛

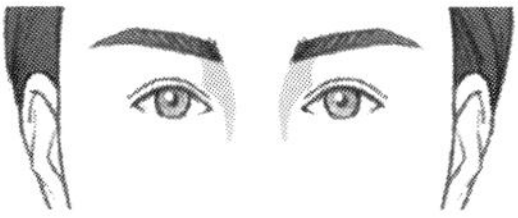

目と目の間の距離が狭い場合は、
一つのことに集中

ときには、自分の理想や目標にこだわりすぎていないか、視野が狭くなっていないかという視点を持つことも大切です。

一方、下がり目（目尻の下がった目）は、人の意見をきちんと聞ける姿勢があることを表しています。ただし人の意見に流されてしまうとか、優柔不断になりやすいという傾向もありますので、自分の目が下がってきたら、その点を注意しましょう（図版23ページ）。

そのほか、目と目の間の距離が「眼球一つ分」より広い場合は、好奇心が旺盛でさまざまなことに目を向けたいという傾向を表しています。

反対に「眼球一つ分」より狭い場合は、一つのことに集中しており、いくつものことを並行して行うのは苦手な傾向があります。

目には、内面の苦境が表れることもあります。

鏡を見て、自分の黒目の位置をチェックしてみてください。以前は黒目が目の真ん中に表れていたのに、黒目が上まぶた寄りになり、下まぶたとの接地点が少なくなっている（俗にいう三白眼のような状態）としたら、精神的に苦しい状態かもしれません。

セッションで悩み相談に来る方がこうした目になっていて、しかも輪郭がレトラクテの場合、私は今の環境を見直したほうがいいとアドバイスしています。職場や仕事でつらい思いをしているなら、「今すぐやめたほうがいい」と言うこともあります。精神的にかなり疲れている状態と言えるからです。

また、正面から見て、どちらかの目がくぼんでいる場合にも注意が必要です。相貌心理学では、利《き》き手《て》側は現在や未来を、利き手側でないほうは過去を表します。

もし利き手側の目がくぼんでいる場合は、今、目の前に心痛の原因や困難があるということを示しています。また、利き手側ではないほうの目がくぼんでいる場合は、過去に目を背けたくなるほどの心痛や困難があったことを示しています。

## 内面の苦境が表れた目

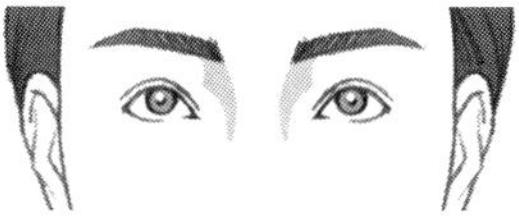

黒目が上まぶた寄りになる→
精神的に苦しい

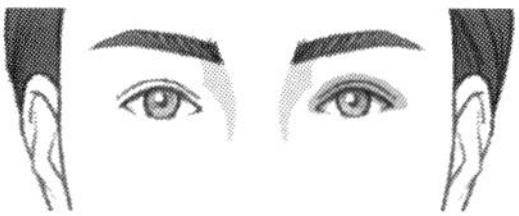

目がくぼむ→
心痛や困難がある

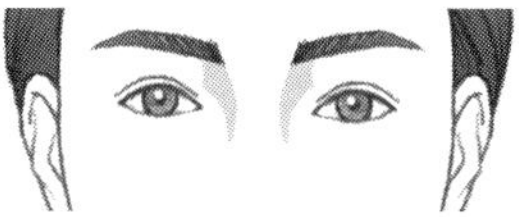

左右の目の高さが違う→
意識が散漫

しかし、心痛や困難が改善されていくと、目のくぼみは消えていく傾向があります。

さらに、左右の目の高さが違うときは意識が散漫になっており、自分にとって大切なものを選び取れない状態にあることを示します。

特に利き手側の目が低いときは、意識が散漫になり、今は正しい選択ができない傾向を示します。

自分でよくわからない場合は、写真を撮って左右の目の高さを比べてみてください。

**鼻は「本音」を表す**

鼻にもいろいろな情報が表れています。鼻が示すのは、その人の「本音」です。

鼻筋が太い場合は、誰からも愛されたいという意識を表しています。大らかな面がありますが、人によっては大雑把《おおざっぱ》と言われてしまうこともあるようです。

鼻筋が細い場合は、自分の選んだ最良の人に愛されたいという傾向を示します。

鼻筋も、外部刺激や内面の変化によって多少太くなったり、細くなったりすることがあります。

さらに、鼻筋の向きにも注目してください。鼻筋が利き手側に傾いていたら、あなたの意識は、現在や未来に向いていることを表します。先ほど目がくぼんでいる場合は注意が必要と書きましたが、そのような場合でも、鼻筋が利き手側に傾いているときは、その問題にも何とか向き合えているということです。

しかし、鼻筋が利き手側ではないほうに傾いていたら、意識は過去に向いているということ。思考や行動が、過去のある出来事との比較になっている可能性があります。

また、正面から見て鼻の穴が見える場合は、思ったことを率直に言う傾向があるということです。反対に鼻の穴が見えない場合は、本音を言わず、本心を悟らせない秘密主義な一面があることを表します。

**鼻はその人の「本音」を表す**

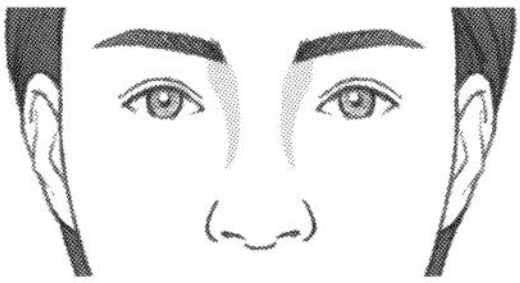

鼻筋が太い場合は、広く愛されたい

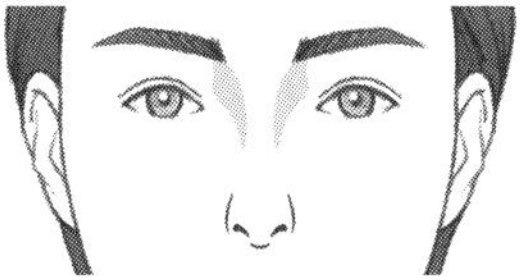

鼻筋が細い場合は、深く愛されたい

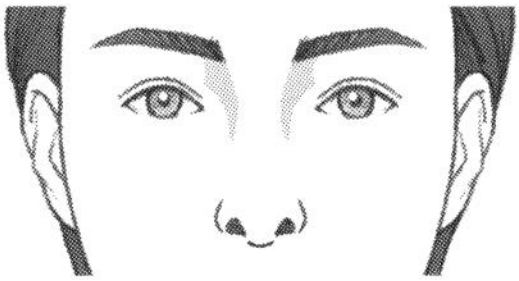

正面から見て鼻の穴が見える場合は、
思ったことを率直に言う

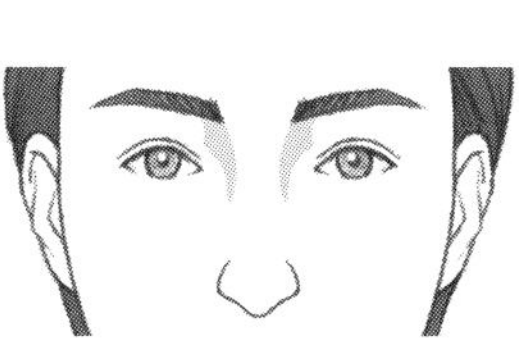

正面から見て鼻の穴が見えない場合は、
秘密主義

## 「独立心」を表す耳

耳は形や耳たぶの大きさではなく、正面から耳が見えるか見えないかで判断します。耳は「独立心」を表します。正面から耳が見える場合は、独立心や自立心が強く、何でも自分でやろうとする傾向があることを示しています。

しかし長年、他の人から指示されて、自分のやることに対して主体性を持てない立場にいると、正面から見えていた耳が少しずつ隠れていくことがあります。「どうせ自分が何をしたって物事は変わらない」と思い込み、消極的に過ごしているうち、耳の角度が傾斜

**耳は「独立心」を表す**

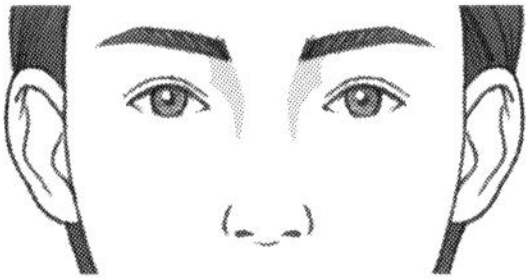

正面から耳が見える場合は、
独立心や自立心が強い

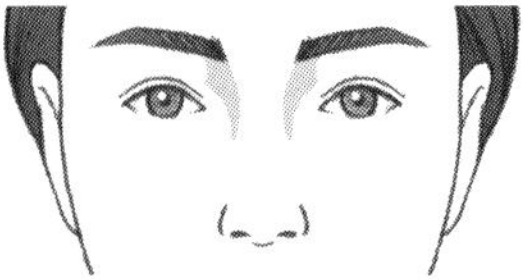

正面から耳が見えない場合は、
協調性が高い

していくという外形の変化に結び付いていくのです。

反対に、今まで隠れていた耳が正面から見えるようになったら、独立のチャンスです。相貌心理学の見地からは、起業する、あるいはフリーランスになるにはちょうどいいタイミングと言えるのです。

## 顔の肉付きは「寛容性」や「順応性」を表す

顔の肉付きが示すものは、社会に対する寛容性や順応性、社交性です。顔の肉付きが豊かという状態は、太っている状態とは違います。太っていても、頬はのっぺりしているとか、平坦《へいたん》に見える人もいます。横顔を見たとき、頬を中心にふっくらしている状態が肉付きの豊かな状態です。

肉付きが豊かな人は、どんな場所でも寛容性や順応性を発揮しやすいコミュニケーション上手の傾向があります。新しい環境や他人を受け入れやすく、社交的である一方、細かいことはあまり気にしないため、相手によってはがさつと思われてしまうこともあります。

一方、肉付きが薄い人は、狭く深いコミュニケーションを好みます。というのも、肉付きは感受性を覆うカバーのような役割を果たしているからです。感受性がカバーされていないということは、周りに対して敏感になりがちということです。

## 顔の肉付きは、他者や環境に対する「寛容性」「順応性」を表す

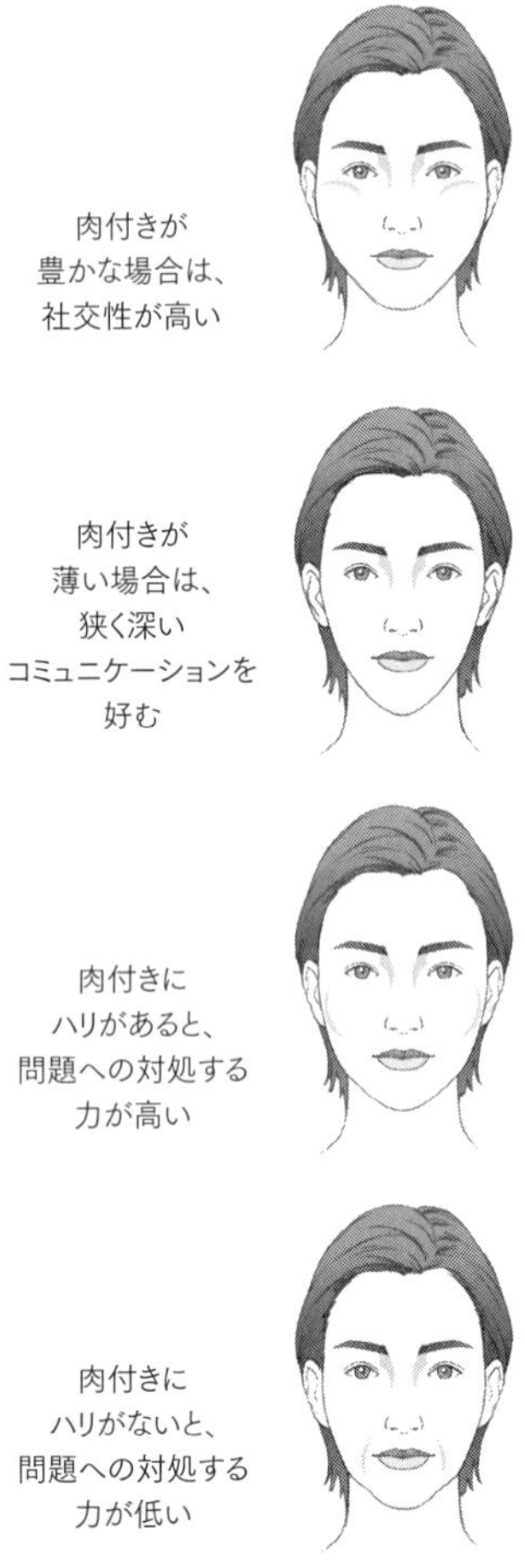


ですから、肉付きの薄い人は、自分が選んだ環境や相手に対してだけ心を開き、「素」を見せる傾向があります。

また、肉付きが豊かなだけでなく、頬の辺りがプリッとしていてハリがある人がいます。ハリは、モチベーションの高さと問題に対する抵抗力を表し、ハリがある人は問題があったときにも何とか乗り越えていこうとします。

ですから、もしも今、あなたの顔の肉付きがプリッとしていてハリがあると感じるなら、目の前の困難を乗り越えられる力があるということです。

しかし、肉付きがちょっとブヨブヨしていてハリがない状態であれば、困難を乗り越えていくのはやや難しい状態です。まずは休息の時間をとり、今の方法を見直して、他の方法や環境を模索する時期かもしれません。

### 口は「社会との窓口」

相貌心理学で口は「社会との窓口」です。他者とのコミュニケーション方法や周囲の環境をどう受け入れるかなどを表しています。

**口は「社会との窓口」を表す**

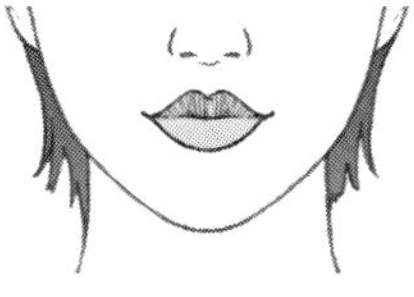

唇が厚い場合は、温厚で穏やか

唇が薄い場合は、
悪気はないが口調が冷たい

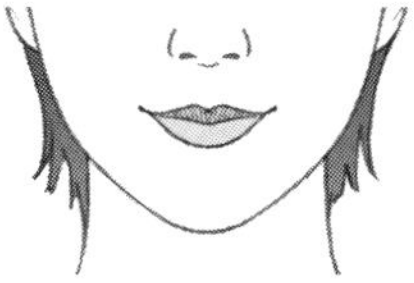

口角が上がっている場合は、
物事をポジティブに捉えられる

口角が下がっている場合は、
物事をネガティブに捉えがち

唇《くちびる》が厚い人は温厚で穏やかな傾向があり、あたたかい言葉を人にかけるのが上手です。

唇が薄い人は、論理的で的確な指摘ができることを示します。悪気はないのですが、口調が冷たく感じられることもあります。

この唇の厚みも、内面の変化によって少しずつ変化していきます。

特に他者を受け入れる寛容性が高くなってくると、唇の厚みが増していきます。いきなりぷっくりとは膨《ふく》れないものの、徐々にふくよかになってくるのです。

また、口角が上がっているときは物事をポジティブに捉《とら》えられる傾向を示し、口角が下がっているときは、物事をネガティブに捉えがちな傾向を表します。

これも環境によって変わっていきますから、口角が下がっていると感じたときは、今の環境や自分の内面を見つめ直し、前向きな気持ちになれる方法を考えてみましょう。

さらに、口の左右の高さや長さが違うなど非対称になっているときは、内面に大きなストレスを抱えているのかもしれません。思っていることを表に出せないと、こうした歪《ゆが》みとして表れることがあるのです。

**額は「思考のスピード」を表す**

次に、変わらないと言われている額や頬骨、あごについても見てみましょう。

## 額は「思考のスピード」を表す

まずは額ですが、額の形状は「思考のスピード」を表しています。

額の形状に普段あまり注目することはないと思いますが、よく見てみると、人によって結構違うものです。

たとえば、横顔から見たときに、生え際から眉《まゆ》に向かって斜めになっていると、思考が速いということ。しかし速すぎて、他人の話を聞かない傾向も見られます。

横顔から見たときに、額がまっすぐな人は熟考したいタイプ。石橋を叩く慎重派です。

額に丸みがある人は、想像力が豊かですが、極端に丸い場合は夢想に走りがちです。

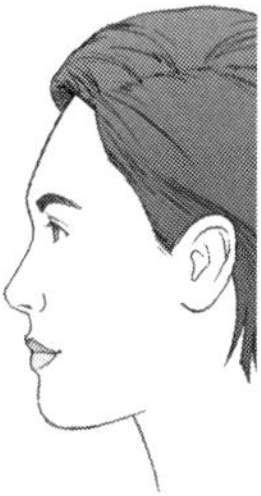

生え際から
眉に向かって
斜めの場合は、
思考のスピードが
速い

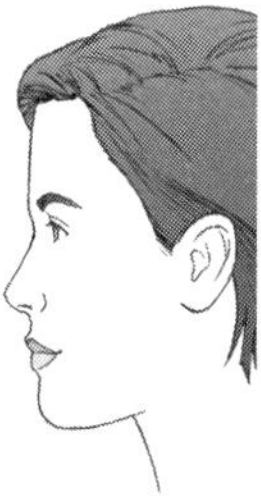

額が
まっすぐの場合は、
物事を熟考する

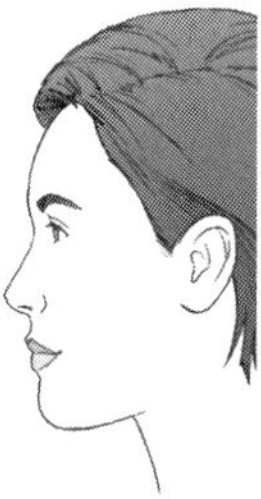

額に
丸みがある場合は、
想像力が豊か

## 「愛されたい欲求」「成功欲求」を表す頬骨

頬骨は「愛されたい欲求」や「成功欲求」を表しています。

頬骨が大きくなるほど、これらの欲求が強い傾向があり、「人から認められたい」という承認欲求も強くなります。このタイプの人は「成功して人から認められたい」という欲求が強いので、目標を定めたときには大きな力を発揮します。

また頬骨が目立って大きく張り出しているような形状は、相貌心理学では「衝動性」を示しているとされています。ときに後先考えず、突っ走ることがあるようです。

### 頬骨は「愛されたい欲求」「成功欲求」を表す

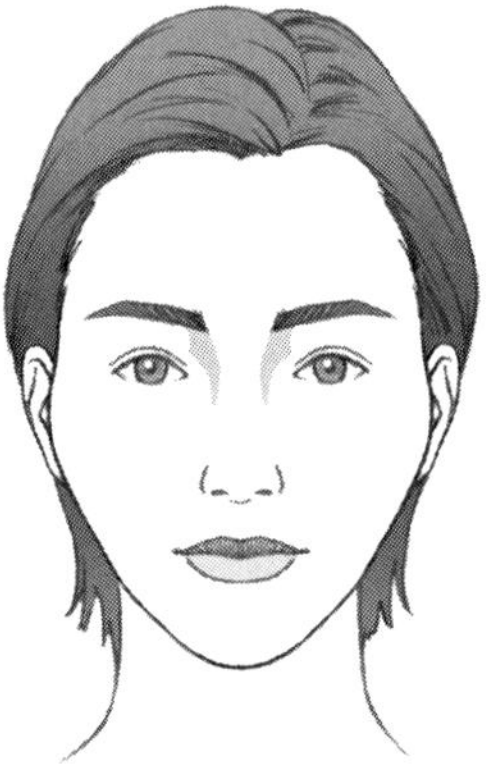

頬骨が目立って大きく張り出したような形状は、さらに「衝動性」を表す

## あご先が表すのは「野心」の大きさと実現力

あご先の形状は、「野心」の大きさを表しています。

あご先が平らでどっしりしている人は、野心があり、自分に自信があるタイプ。

一方、あご先が細く尖《とが》っている人は、あまり自分に自信が持てない傾向があります。

また横顔から見たときに、あご先が眉頭《まゆがしら》より前に出ている人は、野心を自分の力だけで実現する力がありますが、その分、周りに自分の考えを押し付ける傾向があります。

横顔から見たときにあご先が眉頭より後退している人は、野心はあっても実現力に欠け

**あご先は「野心」の大きさと実現力を表す**

あご先が平らでどっしりしている場合は、野心があり自分に自信がある

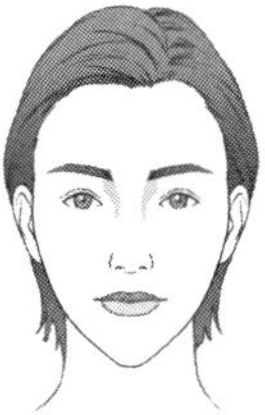

あご先が細く尖っている場合は、野心があまりなく自分に自信がない

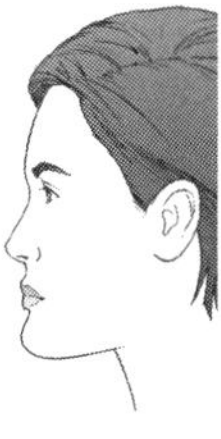

あご先が眉頭より前に出ている場合は、野心を自分の力だけで実現できる

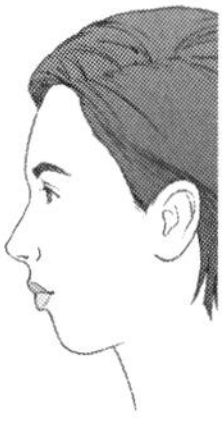

あご先が眉頭より後退している場合は、野心の実現に後ろ盾が必要

るところがあります。このようなタイプは、後《うし》ろ盾《だて》になるビジネスパートナーや組織の存在があると、安心して物事に挑むことができます。

なお、このあごの形状も変わらないと言われていますが、私の個人的見解としては、自信や責任感を感じるなどの内面の変化によって、変わってくることもあります。

実際に家族ができたとか、多くの部下を抱えるようになった人が、徐々にあご先がしっかりしてくることがあるのです。自信がつくことで、輪郭全体がどっしりしてくる人もいます。

このように、環境の変化によって内面が変わると、顔も徐々に変わってきます。

生まれたときや子どもの頃の環境は自分で変えることはできませんが、成人した後には自分で環境を選ぶことができます。住む場所や働く環境、さらに周囲の人間関係は、あなたの内面に大きな影響を及ぼし、顔という外面も変えていくということです。

## 2　顔のセルフコントロール術【髪型、メガネ、メイクを活かす】

### 歳をとって顔が豊かになる人とは

自分の顔を鏡でチェックしながら折に触れて内面を振り返ってみることは、セルフマネジメントの観点からもお勧めです。

その際は、自分の表情にも注意を向けてみてください。

なぜかと言えば、表情によって「他者からの刺激」が大きく変わるためです。

たとえば、いつも不機嫌そうな顔をしている人と、いつもにこやかな顔をしている人では、他者とのコミュニケーションも変わってきますよね。やはり笑顔が多いほうが、一緒にいて安心できると感じる人が多くなりますし、笑っている人には笑顔を返そうとします。「笑う門《かど》には福来る」ということわざがあるように、笑顔の多い人のほうが周囲からポジティブな反応をもらうことが多くなり、内面の満足や自信につながっていくのです。

また、「痛いときこそ笑うといい」などと言われますが、実際にさまざまな研究で、笑いはストレスや痛みの軽減をもたらす効果があることがわかっています。さらに脳科学の研究によれば、笑顔になることで脳内物質であるドーパミンの分泌《ぶんぴつ》が活性化され、楽しい気分になりやすくなるといいます。

このように、笑うことで精神的に充足することができ、さらに周囲からポジティブな反応をもらうという相乗効果が見られるのです。

ですから、普段からなるべく笑顔を心がけていると、気持ちもポジティブになっていきます。もちろんつらいときに無理をして笑顔をつくることはありませんが、ブスッとしているよりは笑顔になったほうが、自分にも良い効果がもたらされるということです。

また、自分の中で「ダメ」とか「できない」「無理」などの否定的な言葉を使うことを避け、常にポジティブな選択肢を用意しておくのも大切です。

頭の中でネガティブに考えれば考えるほど、行動も制限されていきます。無理と決めつければそこで終わってしまいますが、やればできるかもしれないと思えば、実現するための方法を具体的に考えるようになります。「できるようになるには、どうしたらいいだろうか」という発展のプロセスに考えが及ぶようになるのです。

人や物事に対しても、最初から「嫌い」と決めつけてしまうと相手の言動の悪い面だけが目につくようになりますから、まずは相手の良いところを探すようにするといいでしょう。物事の良い面、ポジティブな面に目を向けるのです。

そのように、思考が変わると、行動が変わっていきます。今までチャレンジする前にあきらめていたものが、できるかもしれないという考え方に変われば、一歩を踏み出すことにつながります。

そうやって行動が変わっていくと、周りの反応もまた変わってきます。それを繰り返しているうち、顔つきもポジティブなものに変わっていくのです。

ポジティブな顔つきとは、顔の肉付きがしっかりしていてハリがある状態です。

基本的に、顔全体の肉付きがどのようにつくかは思春期までにおおよそ決まってきますが、内面がポジティブになったり、他者への寛容性が高くなってきたりすると、下まぶた（俗に言う涙袋）がふくよかになってくることもあります。よく歳を重ねてから涙袋がぷっくりしてくる人がいますが、それは寛容性や順応性が高くなってきた印です。

繰り返しますが、顔は変わります。

もしも今の自分の顔を変えたいと思うなら、まずは自分の内面を見つめ直し、自分を客観視することが重要です。そして、そんな自分をさらに「良くしていこう」という前向きな意識を持つことです。人は、自分で変わろうと思わない限りは変わりません。ポジティブな意識を持ち、自ら行動していくことが大事なのです。

## あなたの顔を変える髪型やヒゲ、メガネ

周りの反応が変わることで自分に対する刺激が変わり、内面が変わっていくということは、逆に言えば、外見を変えることで内面も変えられるということです。

たとえば、髪型を変えるだけでも、周囲へのイメージを変えることができます。

前髪を上げて額を出すと、思考ゾーンに目がいきやすくなるため、見る相手に知性や冷静さを感じさせることができます。よくバラエティ番組にも出ているタレントさんが、情報番組の司会をするときだけ髪を上げて額を出すことがありますが、無意識に知的なイメージをアピールしているのかもしれません。

感情ゾーンや活動ゾーンの人がもっと知的な要素を加えたいと思ったら、額を出すことをお勧めします。また、全部は出さなくても、なるべく額を見せる髪型や頭頂部に立体感を出すような髪型、男性の場合はサイドを刈り上げてトップにボリュームを出すなど、なるべく高さを出す髪型にするといいでしょう。

中には額の後退を気にされる方もいますが、知的に見えるという側面もあります。

反対に、前髪をつくれば感情ゾーンに目がいきやすくなるため、親しみやすく見える効果があります。

たとえば、トランプ元大統領は「思考・感情二重拡張レトラクテ」で、実は結構額が広

いのですが、ひさしのような前髪でそれを隠しています。ご本人がどのような意図であの髪型を選んでいるのかはわかりませんが、あの髪型は「皆で分かち合おう」という共感をアピールする効果があるのです。彼が前髪を上げて額を出していたら、見る人に与えるイメージはまた違っていたことでしょう。

額が出ていると知的で冷静なイメージが醸《かも》し出《だ》され、よく言えばクール、悪く言えば冷たさを感じさせます。思考ゾーンで知的に見えすぎるという人、また、親しみやすさや優しさ、共感などを感じさせたい職業の人は額を隠す髪型にするといいでしょう。

女性の場合は、髪を巻いたりして視線を下に集めると、感情豊かに見えます。

また、髪型だけでなく、イヤリングやピアスは感情ゾーンに目がいくため、感情の豊かさを感じさせます。

男性の場合、口元のヒゲは、活動ゾーンを強調するためワイルドなイメージにつながります。セックスアピールを感じる人もいるかもしれません。また首元にマフラーを巻くなどすると、口元に視線を集めることができます。

メガネも効果的に使いましょう。

たとえば、横から見て目が出ている人は、視覚による情報に影響されやすいタイプです。

## 横顔から見た目は、視覚情報に対する基本姿勢を表す

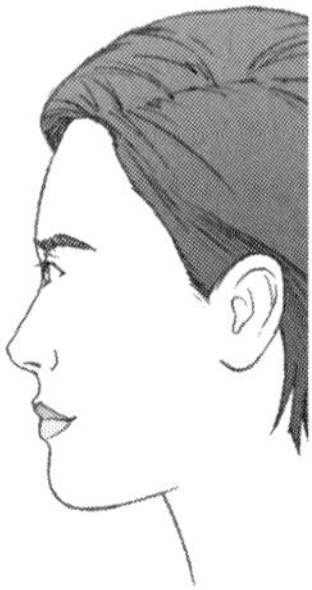

横顔から見て目が出ている場合は、視覚による情報に影響されやすい

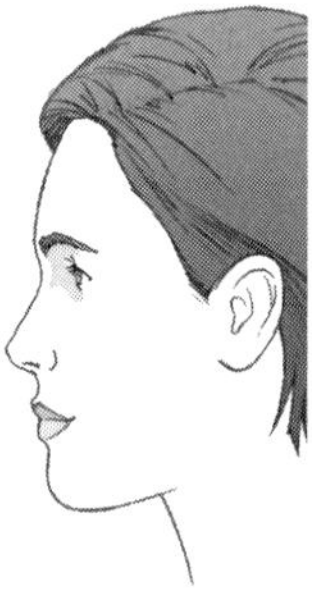

横顔から見て目が奥まっている場合は、情報を自分で選びたい

反対に目が奥まっている人は、情報を選びたい欲求が強いタイプになります。

目がぱっちりと大きい人は、情報をキャッチする「編み目」が大きいため入ってくる情報も多くなりますが、さらに横から見て目が出ていると、目移りが気移りとなり、ときには自分にとって何が大切なのかがわからなくなることがあります。

また、好奇心旺盛で相手のことを何でも知りたいタイプでもあるため、そうした一面がさまざまな誘惑を呼び込んでしまうこともあるようです。

そのため、自分を硬派に見せたいのであれば、フレームが横長で長方形のメガネをかけ

ることをお勧めします。物事をきちんと選び取る知的さや冷静さといった印象を見る人に与え、また誘惑が入ってくることを抑《おさ》える効果があります。

その反対に、目が細い人は、大きめのメガネをかけることで大らかでオープンな印象を与え、また、より多くの情報をキャッチする効果を得ることができます。さらに、丸型や楕円形《だえんけい》のメガネは柔らかさや親しみやすさを与えます。

フレームの素材も、さまざまあり、それぞれにかけたときの印象も違います。周囲にどんなイメージを与えるかを考慮して、TPOによって使い分けるのもいいでしょう。

**メガネのフレームで、目から入る情報量をコントロールする**

**フレームが横長で長方形のメガネ**

目から入ってくる情報を抑える効果がある

**フレームが大きめのメガネ**

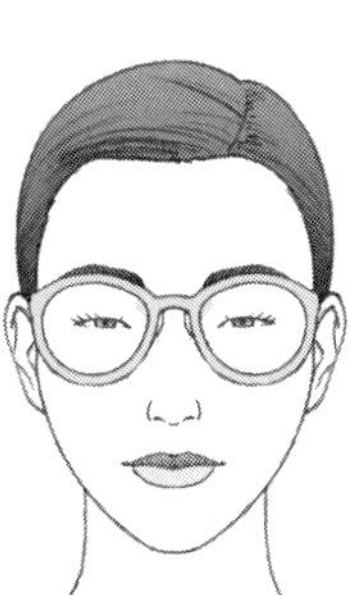

多くの情報をキャッチできる効果がある

### メイクは外面だけでなく内面も変える

さらに、メイクをする人は、メイクによっても内面をより良い状態に変えていくことができます。

そもそもメイクをする効用は二つあります。

一つは、内面の満足です。化粧をすることで「きれいになった」と感じれば、自分の内面が充足して表情もいきいきしたものになり、魅力も増すことでしょう。メイクによって自信がつけば、積極的に物事に取り組むようになる人もいるかもしれません。

もう一つは、周りの反応が変わることによって、自分に対する刺激が変わることです。たとえば、人の意見に流されやすい人はどうしても目尻が下がってくるのですが、意志の強い自分になりたいのであれば、アイラインで目尻を上げてみましょう。それによって周囲の人は「目尻が上がっている人」、つまり「意志の強い人」や「はっきり意見を言いそうな人」として接してくるようになります。すると、自分が受け取る刺激も変わってきますから、自然と内面も変わってきます。

このように、メイクの二つの効果によって、内と外からの刺激が加わり、内面の改革ができるのです。

メイクで内面を変える方法は、他にもいろいろあります。

先ほどと反対に優しく見られたい場合は、アイラインで目尻を下げるといいでしょう。

眉も、線という観点から見ると相貌心理学的には意味があります。太くはっきりした眉はディラテの傾向を、細い眉はレトラクテ傾向を表しますから、太目に描けば大らかさや強さが強調され、細く描けば繊細さが強調されます。優しそうだとか寛容に見られたいときは、眉も太めに描くことをお勧めします。大らかな印象を与えるためには、顔の中に直線よりも曲線を、細い線よりも太い線を増やすといいでしょう。

さらに、アイシャドウの塗《ぬ》り方ひとつでも印象が変わってきます。

アイシャドウをまぶたの目頭のほうに塗ると目は顔の中央に寄って見えますが、目尻のほうに塗ると目が離れているように見えます。目と目の間が狭いということは、相貌心理学では集中力の高さを表します。逆に、離れていると好奇心旺盛ということです。

ですから、集中力の高い人に見せたいならアイシャドウは目頭のほうに塗り、好奇心旺盛に見せたいなら目尻のほうに塗ると効果的です。

仕事以外でも、大勢の人と仲良くなりたいときは目尻のほうに塗り、目の前の一人の相手に集中したいときは目頭のほうに塗るといいでしょう。

メイクによって、強調したいゾーンに焦点をあてることもできます。

快活で社交的な人に見てもらいたいなら頬にチークを塗って、頬の肉付きを強調しましょう。

今日は絶対に企画を通したいとか、仕事のできる人に見られたいときは、強調すべきは思考ゾーンです。アイラインやアイシャドウなどで目元を強調すれば、知的に見せることができます。


また、オンラインで会議やミーティングをするときには、普段はメイクをしない人や男性でも肉付きをよく見せるためにファンデーションを塗るのはお勧めです。

肉付きが薄いと、寛容性や社交性がないように見えますし、肉付きのハリがないと困難を乗り越えられる力が下がっているように見えてしまいます。ですので、自分のやる気をアピールしたいときは、頬の一番高い場所に自分の肌色に合ったチークを塗って強調するのも一つの方法です。あるいは、眉を太く眉尻を上げて描いて、大らかさや意志の強さを強調するのもいいかもしれません。

これらはオンラインのときこそできる裏技です。

他にも、ライティングを工夫してハリを良く見せるなど、オンラインではメイク以外でもできることがあります。そうやって自分の外見を変えると、周囲の人はモチベーションが高い人としてコミュニケーションをとってくるようになりますから、内面への刺激が変わります。

コロナ禍でこそできる裏技を使って、コミュニケーション改善に役立てましょう。


それでは、メイクではなく、整形手術をするとどうなるのでしょうか。

「顔が変われば内面が変わるということは、整形で顔が変われば性格も変わるのか？」と聞かれることがありますが、その答えはイエスであり、ノーでもあります。

整形手術をしたら、いきなり性格が変わるわけではありません。

整形したことで顔が変わると、周りの反応が変わります。すると、自分に対する刺激が変わり、それを受けとる感受性への刺激も変わっていきます。それを繰り返すうちに、徐々に内面が変化していくのです。

ですから、整形をした自分を肯定的に受け入れられるのであれば、自分の外面に内面が徐々に近づいていき、人生も変わっていきます。

しかし、中には顔が変わっても「これは本当の自分ではない」とネガティブな感情を持ち続けてしまう人もいれば、周囲に心を閉ざしてしまう人もいます。そのような人の場合は、周りの反応がどんなに変わっても内面のポジティブな変化は望めないでしょう。

このように、相貌心理学の見地からは整形を否定するものではありません。それによって人生がより素晴らしいものになるのであれば、決して悪いものではないでしょう。

ただし、整形によって顔を変えたからといって、魔法のように内面が変わるわけではありません。内面の変化もまた整形後のあなたの行動次第、ということをお伝えしておきます。

### コロナ禍は内面を整える時期

先ほどオンラインの話に触れましたが、コロナ禍でマスクをしている時期は、あまり顔全体を見せる機会はありません。

しかしそんなときこそ、自分の内面を変えるチャンスではないかと思うのです。

マスクをする生活はまだしばらく続くと予測されています。外出も制限されるなどやりたいことができない期間ですが、それを鬱々《うつうつ》と過ごすのではなく、今は自己改革の時期と捉えて、少しでも理想の自分に近づけるように内面を見つめ直してみるのです。自分の伸ばしたい部分はどんなところか、自分はどんな人になりたいのか、まずはじっくり自分と向き合う時間にするということです。

どんな自分になればいいのかと迷った際は、自分の輪郭やゾーンを参考にしてみてください。まったく自分の特性に合わないような理想像を描いても、やはり無理が生じますから、自分らしさを見失わず、自分の良い部分を伸ばしていくといいでしょう。

また、強みと弱みは背中合わせですから、自分の特性についても視点を少し変えるだけで捉え方が変わってきます。

たとえば、自分は「がさつ」だと否定的に捉えてしまえば、劣等感を感じるかもしれません。しかし、自分は「大らか」なのだと捉えれば、いろいろな人とコミュニケーションをとることができるという理解に変わります。自分だけの価値観で人を拒むのではなく、多くの人の価値観を受け入れられるということです。

このように、発想を変えれば、自分を前向きに捉えることができるのです。

自分でコンプレックスだと思っていることも、反転してみれば、その人の強みに変わります。物事のさまざまな面を見て多面的に考えてみることが、自分の強みを育てることにつながります。

この不自由で大変な時期も、悩む時期ではなく、内面を整える改革のチャンスと捉え、どうすれば弱みを強みに変えていけるかを考えてみることをお勧めします。

そしてマスクをとったときには、新たな自分として生活を再スタートさせましょう。考え方一つで人生は変えられるのです。

# 第4章

# 顔からわかる個性の伸ばし方

## ——相貌心理学で、弱みを強みに変える

# 1　あなたの個性を伸ばす！　顔のタイプ別ヒント

## 相貌心理学で個性を伸ばす

これまで見てきたように、相貌心理《そうぼうしんり》学《がく》は、自分や周囲の人を理解するためだけのものではありません。特性を知ることで、マネジメントに活かすこともできます。

たとえば、自分にはどんな強みがあり、それを現実の世界でどう活かせるのか。どうしたら、その強みを伸ばしていけるか。また、弱みや苦手なものがあるとしたら、どのように克服できるのか。相貌心理学は、キャリア戦略を考える際にも役立ちます。

これまでお話ししてきたように、弱点や悩みは捉《とら》え方によって強みに変わります。頑固さも裏を返せば物事をじっくり考え、慎重な判断を下せると捉えられますし、くよくよしやすいということは細やかな気遣いができるということでもあります。

人にはそれぞれ弱みも悩みもあるかもしれませんが、そこを強みに変えることができれば、その人の個性として伸ばすことができるのです。

そこで、本章では、それぞれの顔からわかる個性の伸ばし方について紹介します。

なお、二重拡張タイプの人は、強みも弱みも二つにまたがっていますから、どちらも参照してみてください。

それでは、それぞれのタイプが抱えがちな弱点や悩みを、どうしたら強みに変えられるかを考えてみましょう。

**弱みを「強み」に変えるヒント……「思考ディラテ」「思考レトラクテ」**

まず「思考ディラテ」の人ですが、このタイプの弱みは、思考レトラクテに比べると、発想が型にはまりがちな傾向にあることです。もちろん思考ゾーンが拡張しているため、想像することや頭の中で考えることは得意なのですが、現実に足のついた考え方をするディラテの場合、自分の内面を深く掘り下げていくレトラクテの人ほどは独創的ではないことが多いのです。

セッションでお話を伺《うかが》った中にも、こうしたことに悩んでいる思考ディラテの人がいました。オリジナリティのある企画でヒットを出したいとがんばっているのに、なかなか結果が出ないというクリエーターの方でした。同期がニッチな企画でヒットを連発し、それが上司に認められていることにも苛立《いらだ》っている様子です。

このタイプの人は外部からの影響を受けやすい一面もあり、クリエイティブな職業に就いたときなどは、周りの人と比べて奇抜なアイデアやオリジナルな発想が浮かばずにフラストレーションを感じてしまうこともあるかもしれません。

思考や発想に重きを置いているからこそ、独創性にこだわる思考レトラクテタイプには複雑な感情を抱くのでしょう。

しかし、自分の内面にそれほどこだわらないということは、目の前の現実世界をしっかり把握できているということでもあります。

思考ディラテの人は、アイデアを発展させていく展開力に優れているのです。一部の人に選ばれるものではなく、大勢の人に喜ばれるもの、皆が求めているものを見つけ出し、どうしたらそれができるかを考えるのが得意です。

ですから、発想の独創性や奇抜さにはこだわらず、すでに存在する人気商品をベースに豊かな想像力でさらに展開していくなど、展開力に特化したアイデアを出すことに注力すると、思考ディラテの強みが発揮できるはずです。

もしも今、フラストレーションを感じている思考ディラテの人がいるなら、より展開力を生かせる仕事にシフトチェンジしていくと良いでしょう。

次に、「思考レトラクテ」の人ですが、このタイプの弱みは、知的好奇心が刺激されなければ、やる気やモチベーションが上がらないことです。

一般的にプライドが高く、自分の思考こそが正しいと考える傾向があるため、自分の能力以下のことには興味や関心を持てません。

一方で、自分の能力より上のレベルになると、今度は豊かな想像力で妄想を膨《ふく》らませてしまい、「自分には無理」と早々とあきらめてしまう傾向があります。

頭の中でいろいろ考え過ぎるため、行動につながりにくいのです。

しかし、やり方次第で、不可能を可能にすることもできるかもしれません。

常に自分の実力より「少し上」のものを一つひとつクリアしていくことで、好奇心も広がっていくはずです。得意な想像力を駆使して、あらゆる方法や可能性を考えてみましょう。

また、自分の傾向を自覚するだけでも、他の人の考えを受け入れる寛容性につながり、さらに豊かな創造につながっていくはずです。

**弱みを「強み」に変えるヒント……「感情ディラテ」「感情レトラクテ」**

「感情ディラテ」の人ですが、このタイプの弱みは、協調性が高いあまり、周りに合わせすぎて自分を見失いがちになることです。

体力が豊富で、寛容性も順応性も高いため、人の意見に合わせるのは得意なのですが、あちこちで周囲に合わせているうちに、「お調子者」と言われてしまうこともあるかもしれません。

何でも周りに合わせるのではなく、まずは自分の意見や考えをきちんと持ち、自分はどう思うのかを、その場に適した言葉を使ってうまく伝える。感情ディラテの強みである協調性をうまく使うことが大切です。

一方、同じ感情ゾーンでも、「感情レトラクテ」の人ですが、このタイプの弱みは内側にこもりやすい傾向があることです。

セッションやセミナーでも、「ママ友グループで皆と仲良くできるママを見ると、なぜ私にできないのかと落ち込んでしまう」という悩みをよく聞きますが、特にこのタイプの人は、感情の共有という価値観を重視しているだけに、「皆と仲良くできない自分」に落ち込むことがあります。

しかし、自分が積極的に参加できないことを悪いことなどと思う必要はありません。受け身の人もいなければ、コミュニティは成り立たないのです。

「餅は餅屋」と言うように、皆と仲良くしてグループをまとめるのは、体力に恵まれた方にお任せしましょう。

それぞれの人に合ったコミュニケーション方法がありますから、「できない自分を人と比べない」ことが大切です。

また、体力は生来のものですが、寛容性は経験値によって広げていくことができます。相手を受け入れる「受け皿」を、自分なりに少しずつ増やしていけばいいのです。

そのためには、相手を一つの価値観ではなく、多面的に理解して受け入れることが大事です。これまでは「何となく合わなそう」などと決めつけてコミュニケーションをとろうとしなかった相手とも、少しだけ話してみようかとトライしてみるのが、自分の受け皿を増やしていくということにつながります。

感情レトラクテが本来持つ物事への感じやすさを活かして、相手をなるべく多面的に見て受け入れることが、コミュニケーション力の向上や新しい可能性を開いていくのです。

**弱みを「強み」に変えるヒント……「活動ディラテ」「活動レトラクテ」**

「活動ディラテ」の人ですが、このタイプの弱みは、頭で想像することや、自分のテリトリーから出る行為が苦手なことです。

そのため、新しい考え方や価値観を受け入れることを厭《いと》う傾向があります。

そのような場合は、一気に新しい環境に身を置くのではなく、少しずつ新しいことを試していき、実践経験を増やしていきましょう。学んだことや経験したことであれば、さらに展開させていけるのがこのタイプの強みです。

周りに活動ディラテタイプの人がいる場合も、少しずつ実践させて、徐々に慣れさせていくことが大事です。


「活動レトラクテ」の人ですが、このタイプの弱みは、自分の原動力やモチベーションになるものを見失いがちなことです。

本来はお金やモノなどの実質的なものを好んでいるのに、レトラクテゆえの理想主義が出てくるため、物質に対する執着を持つことに罪悪感を持つ人が多いのです。そして、お金やモノよりも情熱や理想を大事にしたほうがいいのではないかと考えるのですが、やはりそれでは原動力につながらず、やる気が出ない……という思いを抱えている人も少なくありません。

でも、お金やモノを求めることは、決して悪いことではありません。お金が好きと口に出すことは、日本では嫌厭《けんえん》されがちですが、生きていくためには当然、必要な道具です。

また、活動ゾーンが拡張している人にとって、物質的欲求こそがモチベーションの源になるのです。

そうしたことを自分自身で認めてあげて、割り切れるようになると、ずれている軸を軌道修正することができてスッキリするはずです。そうすれば、目標に向かって努力しやすくなり、自分らしさも取り戻せることでしょう。

## タイプ別・人間関係の悩みのヒント……「思考ディラテ」「思考レトラクテ」

社会生活を送る上では、私たちの悩みの多くはコミュニケーションに関するものになります。私がセッションで伺う悩みも、ほとんどのものが家庭や職場、コミュニティなどの人間関係に関するものです。

しかし、その悩みはそれぞれのタイプによって違います。

そこで、それぞれのタイプの人が、どのようなことに悩みがちで、どう周囲の人と付き合ったらいいのかを見ていきましょう。

「思考ディラテ」の人は、理想が高く、かつ現実的で行動力もあるため、自分にできることは周りもできると思いがちです。そのため、ときに周囲との軋轢《あつれき》を生んでしまうことがあります。「自分ができるのだから、皆だってできるはず」という考え方がベースにあり、それを人に押し付けてしまうためです。

思考ディラテのある女性は、「同僚や後輩の仕事が遅いだけでなく、結局できないこともある。それが私には理解できない」と話していました。

また、実際にそういう態度をとったために上司から注意され、腑《ふ》に落ちない思いをしたこともあるそうです。

しかし、人はそれぞれ能力や特性が違いますから、できることもスピードも違います。

このタイプの人は、「自分にできることが他の人にもできるとは限らない」ということを理解しなければいけないでしょう。また、自分の理想を人に押し付けていないか、時々振り返ってみることも必要です。

「思考レトラクテ」の人は、何でも理詰めに考え過ぎる傾向があり、それが人間関係での失敗につながることも多いようです。

理想が高く、論理的な思考を大事にする思考レトラクテタイプは、自分の考えや価値観に高いプライドを抱いています。

そのため、簡単には他人の業績を認められない傾向があります。

話し合いや会議などでは論理や理屈で押し通すことが多く、また論理にもスキがないので、周囲の人は意見を出しづらくなってしまいます。

ただし、それで物事が万事うまく進めばいいのですが、現実に目を向ける力が弱い面もあるため、実際にはうまくいかないこともあります。そのため説得力がなくなり、周囲の人がついてこなくなることもあるようです。

まず、自分以外の人の悪い面だけに目を向けるのではなく、良い面にも注目することが大切です。

また、相手に逃げ道をつくってあげることも忘れないでください。常に自分の考えに固執せず、他のメンバーや部下がアイデアを持ってきたときには、それをフラットな気持ちで受け入れる態勢をつくることが大事です。

**タイプ別・人間関係の悩みのヒント……「感情ディラテ」「感情レトラクテ」**

「感情ディラテ」の人は共感力が高いのですが、感情の押し付けには注意が必要です。

寂しがりやで、皆で行動したがる傾向があるため、常に「皆で一緒に」と考えがちです。しかし、これまでも触れてきたように、一人や少人数で行動することを好む人もいますから、そうした人から見れば、感情ディラテの考え方は押し付けがましく映ってしまうこともあるでしょう。

「皆のため」と思ってやっていることが、押し付けや余計なお節介になっていないか、ときに振り返ってみることが必要です。

また、感情の動向が思考や行動を支配しがちな感情ゾーンの人は、自分の一時的な感情で周りを振り回してしまうことがあります。

まずは自分にそうした傾向があることを自覚しておくと、少しずつ自分を客観的に見られるようになるでしょう。また感情に支配されそうになったら、ひと呼吸置くとか、その場を離れるなど、自分なりの気分転換の方法を探してみましょう。

同じことが、「感情レトラクテ」の人にも言えます。

むしろディラテよりも体力がないレトラクテの人は、自分を守る意識が強くなるため、感受性も敏感です。ちょっとした出来事にも反応してしまう傾向があります。

このタイプの人は、人の言葉にも敏感です。

しかし、他人の言動というものは自分ではコントロールできないものですが、自分がどう受け取るかはコントロールすることができます。人が言っていることにはあまり神経質にならず、「人は人、自分は自分」と割り切ることが必要です。

また、このタイプは自分と人を比べて劣等感を感じやすい傾向があります。人と比べることは、現状の自分の立ち位置などを確認する一つの手段でもあるので仕方がないことですが、どうせ比べるのであれば、ポジティブな比べ方をしましょう。他の人に比べて自分の足りない部分を見て落ち込むのではなく、過去の自分より良くなった自分を認めるのです。自分の良い点を探し出して、「私ってすごい！　だから私は大丈夫！」と言い聞かせましょう。

さらに感情レトラクテには、「好き嫌い」で物事を判断しやすい傾向も一層強くなります。

ある感情レトラクテの方は、同性の部下が自分のことを嫌っているために仕事がやりづらく、ことあるごとに衝突してしまうことに悩んでいました。しかし、セッションで詳しくお話を伺っているうち、この人自身が部下のことを嫌っており、自分とは合わないと決めつけていたことにご自分でも気がついたようです。

結局、部下が異動になったことで問題は解決したそうですが、自分が上司の立場や教える側にいる場合は特に、自分の感情に流されて公平性を失っていないか、振り返ってみる必要があります。自身でそれに気づくのは難しいことですが、自分にはそうした一面があるのかもしれないという意識を持っておくだけでも効果はあるはずです。

## タイプ別・人間関係の悩みのヒント……「活動ディラテ」「活動レトラクテ」

「活動ディラテ」の人は、現実的な傾向が強いのですが、その分、人間関係で打算的になりすぎないよう注意が必要です。

ビジネスにおいて利害を考えて動くのは自然なことですが、目先の利害によって自分の言動や態度を簡単に変えるようでは、自分の信用にも関わります。

ある活動ディラテの方は、新しいプロジェクトで自分にとって有用な情報やメリットがもらえる相手には急にこまめに連絡をしたり、親しげに食事にも誘ったりするのに、そのプロジェクトが終わったとたんに無視同然、廊下で会っても挨拶も一切しないそうです。これは相手にメリットがないと打算的に判断したため。

これでは礼儀を欠く人として評価を落とすことにもつながりかねません。

現時点で利益が出るかどうかという点に固執し過ぎず、長い目で物事を見るようにするといいでしょう。

また、空腹時や寝不足のときには、平常心を失いやすい傾向があります。

本能的な欲求が満たされないと不安定になるのが活動ゾーンの特徴ですが、ディラテの場合、それが一層強くなる傾向があります。

こうしたときには集中しにくくなりますから、大事な商談や決断は空腹時には避ける、寝不足に気をつける、などを普段から心がけるといいでしょう。

同じことが、「活動レトラクテ」の人にも言えます。確固とした自分の価値観を持っている「活動レトラクテ」の人は、「活動ディラテ」の人より、さらに自分にとってのメリット・デメリットを見極めるのが得意で、メリットがないと動こうとしません。

想像力が豊かな分、相手に対して、どういう言葉をかけ、どういう振る舞いをすれば、自分に有利になるのかを見極めることもできるため、あまりにもその傾向が強いと、「策士」だという印象を与えかねません。他の人にとっては、人間関係はメリット・デメリットだけで測れるものではないということを理解し、それぞれの人に合った関係性を心がけてみるといいでしょう。

## 2　顔のタイプで違う逆境の乗り越え方

**タイプ別・ストレス解消法……「思考ディラテ」「感情ディラテ」「活動ディラテ」**

次は、ストレスについて考えてみましょう。

主に、ディラテとレトラクテでは、ストレスを感じる原因や発散法が違います。

基本的に体力豊富なディラテの場合、体力を使わないことがフラストレーションにつながります。溜《た》まった水が澱《よど》んでいくように、ストレスも溜まっていってしまうのです。

「思考ディラテ」の人の場合、余った体力は思考活動に向けられますが、想像をたくましくしすぎて、ネガティブな考えばかりが出てきてしまう傾向があります。

このタイプの人がストレスを発散するには、実際に体を使って自分の好奇心を満たすのがお勧めです。博物館や美術館、映画館など、好奇心が刺激される場所ならどこでもいいのですが、実際にその場所に訪れて、体力消費と好奇心の両方を満たす行動を行うことがストレス発散につながります。

「感情ディラテ」の人は、皆で行動するのを好み、一人で過ごすことにストレスを感じやすい傾向があります。

そのため、現在は感染予防の面から大勢で集まるのは難しいものの、リモート飲み会など工夫して、なるべく人と話す機会を増やすといいでしょう。

「活動ディラテ」の人も、体力を使わないとストレスが溜まってしまいます。このタイプの人は、ストレスが溜まると、散財や暴飲暴食に走る傾向があります。

もちろん、口がしっかり閉じている人であれば自制心が強く働くため、総合的に顔の分析を行う必要がありますが、大まかに言えば、活動ゾーンの人は物質的欲求が強いため、お金を使うことがストレス発散につながりやすい一面があります。

体を動かして、体力を発散しましょう。

このように、ディラテの人は体力を使うことがストレス発散につながります。

**タイプ別・ストレス解消法……「思考レトラクテ」「感情レトラクテ」「活動レトラクテ」**

レトラクテの人は、一般的にこの反対のことがあてはまります。

基本的に体力が少ないので、無理をして体力を消費すると、思考や感情、行動が不安定になりがちです。また自分の内面を大切にする傾向がありますから、疲れたときには一人や気の合う人と過ごすことをお勧めします。

ですから、レトラクテの人にとって「ストレス発散のために、皆で飲みに行こう！」は、むしろ逆効果。元気なときであればいいのですが、そうでないときは、一人か気の合う少人数で過ごしたほうがいいのです。

人を誘う際にも、相手の輪郭《りんかく》や普段の言動を見て、強引に誘うのは控《ひか》えましょう。

「思考レトラクテ」の人は、疲れたりストレスが溜まったりすると、夢想に走りやすくなります。

その状態が高じると、一人の世界に閉じこもり、コミュニケーションを一切遮断してしまう人もいます。そうなる前に、しっかり心身を休めることが必要です。思考レトラクテの場合、ストレスを発散するためには、自分の時間を確保して趣味や自分の興味のあることに没頭するのがいいでしょう。

「感情レトラクテ」の人は、ストレスが溜まると余裕がなくなり、感情が不安定になる傾向があります。

このタイプの人も、ストレスを発散するには一人か、自分が選んだ人と一緒に好きなことをして過ごすことです。好き嫌いが激しいタイプなので、自分が選んだ人とでなければ、さらにストレスが溜まってしまう可能性があります。

「活動レトラクテ」の人も、ストレスを溜めると散財に走る傾向がありますから、注意が必要です。

また、食べることもストレス発散になりますが、活動ディラテの人と違って量より質を重視するため、このタイプは美味しいものでないと満足できません。ストレスが溜まったと感じたら、一人か気の合う少人数で美味しいものを食べに行くのもいいでしょう。

さらに、手先の器用な活動ゾーンの人はものづくりにも才能を発揮します。特にこだわりの強いものづくりを得意とする活動レトラクテの人は、ＤＩＹや日曜大工、料理などに没頭することも、心を穏やかにしてくれるはずです。

## ゾーン別・落ち込んだときの対処法

どんな人でも、落ち込んだ気分になるときや自分に自信が持てないというときがあると思いますが、そのようなときの対処法もそれぞれの特性によって違ってきます。

主にゾーンによって、どのような違いがあるのかを見ていきましょう。

まずは「思考ゾーン」です。思考ディラテにも思考レトラクテにも共通するのが、憧れの人物の画像や「こうなりたい」という理想像を、常に目に見えるようにそばに置いておくことです。

自分の理想を大切にし、視覚からの情報に敏感な思考ゾーンの人は、見たら元気が出るようなものを近くに用意しておくといいでしょう。

また、思考ゾーン、特に思考レトラクテの人は、嫌な思いをしたときなどに比較的長期にわたってネガティブな気持ちを引きずりやすい一面があります。

たとえば感情ゾーンの人であれば、多少落ち込むことがあっても、他の人と感情を共有できれば、すぐに気持ちが前向きになる傾向があるのですが、思考ゾーンの人の場合、他の人と理想を共有することは難しいため、なかなか気持ちも上向きにならないという一面があるようです。

このようなときは、ポジティブなことをノートやパソコンなどに書き出してみましょう。特に思考レトラクテの人は視覚によって自己暗示にかかりやすい性質があるため、自分でポジティブなことを書き出し、後からそれを自分で読むのが効果的です。

次に「感情ゾーン」です。

感情ディラテ、感情レトラクテの両方に言えることですが、感情ゾーンには耳と鼻が含まれるため、聴覚と嗅覚《きゅうかく》の刺激に敏感です。

そのため、気分が落ち込んだときは「私は大丈夫、私はできる！」などと自分を励《はげ》ます言葉を自分に言い聞かせるといいでしょう。聴覚へのポジティブな働きかけが、安心感につながります。

同時に気をつけなくてはいけないのが、耳から入る人の言葉です。

特に、感情レトラクテは繊細で、人の言葉で傷つきやすいタイプだからこそ、普段から暴言を吐くような人との距離感には気をつけましょう。

ともに好きな音楽やアロマなどもリラックス効果があります。

最後に「活動ゾーン」です。

活動ディラテも活動レトラクテも、味覚や触覚で感じる情報や刺激を重んじる傾向があり、美味しいものを食べることが好きで、心地よいものを好みます。

ですから、落ち込んだときには、美味しいものを食べる、マッサージを受けるなど、食欲や心地よさを追求するといいでしょう。心が落ち着き、自分への信頼も取り戻すことができます。

# 第5章

# 自分と相手を活かす人間関係のつくり方

## ――相貌心理学で考えるコミュニケーション

## 1　顔のタイプを見極めて、職場の人間関係をスムーズに

### 自分と相手のタイプを知って、適切な対応をする

前章までは、自分を深く理解するための相貌心理《そうぼうしんり》学《がく》を紹介してきました。自分のタイプを知り、特性や傾向を知ることで、自分のことを深く理解できたのではないでしょうか。

しかし当然のことですが、人間は社会的な動物ですので、一人で生活しているわけではありません。日々、さまざまな人と接しながら暮らしています。

ですから、自分だけでなく周囲の人のことも理解できれば、相手の特性に合わせて良いコミュニケーションをとることができます。

そうしたコミュニケーションを通じて良い刺激を受ければ受けるほど、自分の内面にもポジティブな反応や刺激が生まれてきます。さらにそれを周りの人に伝えて良い刺激を与えることで、好循環を生み出すことができるのです。

そこで本章では、他者とどう付き合えばいいかを見てみましょう。単に相手に合わせるのではなく、自分と相手のタイプを理解して、適切な対応をすることが大切です。

この章では、セミナーで相談の寄せられることが多い「職場での人間関係」「親子問

題」「恋人や夫婦などパートナーとの相性」の三つの関係性について見ていきます。
まず初めに職場での人間関係では、主に「上司の説得の仕方」について触れますが、実際には、相手が上司でも、部下でも、同僚でも、基本的には変わりません。相手のゾーンやタイプに応じて対応していただければと思います。

**このタイプの上司には、この説得方法が効果的！**

誰かに何かを説明したいとき、特に上司を説得したいときには、相手のタイプに合わせた効果的な話し方が求められます。

相手が「思考ゾーン」の上司の場合、もっとも大事な点は「論理的に説明すること」です。もしも新商品の開発を思考ゾーンの人に認めてもらいたいのなら、その商品が求められている根拠や、機能として優れている点などをロジカルに説明しなくてはいけません。
思考ゾーンの人は視覚による情報に敏感なため、イメージ写真やイラスト、図や表などを多用するのも効果的です。
なかでも相手が思考ディラテの場合は、さらにこの企画が実現可能であることが重要です。せっかくいい企画でも、実現できるかどうか不安なものには思考ディラテはあまり食いつきません。地に足のついたアイデアであることを強調するといいでしょう。

相手が思考レトラクテの場合は、独創性をアピールすると、興味を示す可能性が高くなります。その企画やアイデアのオリジナリティやユニークな点を訴えましょう。理想が高ければ高いほど、燃える可能性が高いのはこのタイプです。


次は、相手が「感情ゾーン」の上司の場合です。

まず、このゾーンの人は、ディラテもレトラクテも「相手の感情に訴えかけるような話し方」が効果的です。

特に感情ディラテの場合は、共感や分かち合いを重視するため、新商品の説明をする際には、その商品を使ったユーザーたちのつながりや連帯感、社会全般への影響力などをクローズアップすると、気持ちが動きやすくなります。

さらに、このタイプの人は、褒《ほ》められることやおだてに弱い傾向があります。普段から相手の言動に共感や興味を示しておくと、相手の懐《ふところ》に入りやすくなるでしょう。何かをお願いしたいときは、ロジックより情に訴えるほうが効果的です。

感情レトラクテタイプは、その相手に合ったストーリー性をアピールするといいでしょう。たとえば相手が介護をしているのであれば、その新商品がいかに介護している人の心身の負担を軽減するか、あるいはその商品がなければ、どれだけ大変な思いをするかなどに注目すると、感情レトラクテの心は動きやすくなります。具体的な心を揺さぶるエピソードなども効果的です。

このタイプは、自分の考えを押し付けてくる人や、相手を尊重しない人を嫌います。好き嫌いがはっきりしているので、嫌われてしまうと話が始まりません。まずは話をよく聞き、相手の大事にしているものに共感を示すと、良い関係性が得られるでしょう。

相手が「活動ゾーン」の上司の場合は、「実績や数字でアピールする」のがお勧めです。この商品によって30％業績が上がるとか、この人物にはフォロワーが10万人いるといった目に見える数字を、わかりやすいグラフなどで提案するといいでしょう。

また、活動ゾーンの人は具体性やわかりやすさを好みます。特に活動ディラテの上司には、実際に商品を用意して手で触れてもらうとか、食べ物であれば味見してもらうなどして、触覚や味覚に訴えるのも効果的です。

特に活動レトラクテは、現実主義にレトラクテの持つ想像力が加わり、その人独自の価値観が形成されます。その価値観に照らしてメリットがあるかどうかが、活動レトラクテが物事を判断する際の基準になります。

そのため、活動レトラクテの人を説得する場合は、相手の理想に合ったメリットをしっかり説明することが大事です。

こうしたことは、普段からも言えることです。相手が何を重視しているのか、何に価値を置いているのかという傾向をつかむと、適切な対応をとることができます。

これまで何度も触れているように、思考ゾーンが重視するのはロジック、感情ゾーンが重視するのは共感、活動ゾーンが重視するのはメリットです。

たとえば相手が感情ゾーンの場合は、仕事そのものよりも「心のつながり」が重要になってきますから、まめに相手の家族のことを気遣ったり、本人の体調を気にかけたりすると、感情ゾーンの人は相手が自分を気遣ってくれていること自体を嬉しいと感じます。

しかし思考ゾーン、特に思考レトラクテには、それは逆効果になる可能性があります。

このタイプは「仕事は仕事」と捉《とら》え、プライベートのことはあまり語りたがりません。自分が心を許す人以外には自分の世界に入ってきてほしくないと考える傾向があります。

相手が話そうとしないことをこちらから聞こうとすると、デリカシーがない人だと思われることもありますので、きちんと距離をとることが大事です。

活動ゾーンに対しては、相手のメリットになることを提示すると効果的ですから、たとえば、ちょっとした贈り物や歳暮などは効果を発揮するでしょう。

活動レトラクテの人に贈るなら量と質の両方を兼ね備えた物を、活動ディラテの人には、量で勝負できる物を贈るといいかもしれません。


また、職場に付きものとなっている飲み会。

今はコロナ禍で難しい状況ですが、平時であれば、しょっちゅう上司に誘われて困るという人も多いのではないでしょうか。

12のタイプのうち、もっとも飲み会が好きなのは感情ディラテの上司でしょう。上司が感情ディラテの職場は、一般的に飲み会が多くなる傾向があります。

感情ディラテの人は、素っ気なく断られると機嫌を悪くする可能性がありますから、その誘いを断りたいときはまずは誘ってくれたことに対する感謝を伝えてから、行けない理由を話すといいでしょう。先に「行きたいのですが……」という気持ちを伝えておくと、悪い印象を持たれにくくなります。

飲み会に限らず、相手が感情ディラテの場合、相手の行為に対して無関心な態度をとるのは得策ではありません。協調性のない人や冷淡な人をことさらに嫌う傾向があります。

## 相貌心理学で最強のチームをつくる！

ところで、セッションにいらっしゃる方には会社経営者や人事職の方も多いのですが、そうした方によく聞かれるのが、パフォーマンスを上げるチームのつくり方です。どのようなタイプの人を配置したらチームワークが良くなるのか、業績が上がるのか、チーム形成で気をつけるべき点などが気になるようです。

確かに個人の「適性」を「適正」に変えるためには、その人のエネルギーの使い方やコミュニケーションの傾向が、現在の環境や状況と合っているかを考慮することが大切です。たとえば、綿密さや繊細さが要求される職場には、レトラクテのほうが向いている傾向があります。

一方、ディラテは一般的に寛容性が高く、周囲に馴染《なじ》みやすい傾向があります。新しい組織やコミュニティに早く馴染むのは、レトラクテよりディラテです。

クリエイティブなチームを作りたいときは、思考タイプに活動タイプを入れたチーム編成にすると、アイデアと実行力の両方に恵まれたチームになる可能性が高くなります。

しかし一般的には、同じようなゾーンや輪郭《りんかく》の人だけでなく、いろいろなタイプの人が均等にいるほうがチームのバランスは良くなります。

また、ディラテは組織に馴染みやすいと書きましたが、レトラクテは防衛本能が強いため、新しい環境や知らない人の中ですぐに才能を発揮するのは難しい傾向があります。

そのため、チームの中心人物がレトラクテの場合は、その人にメンバーを選んでもらうといいでしょう。選択欲求が強いレトラクテは、自分が選んだ人に対しては安心感を抱きますから、のびのびと仕事ができるはずです。そうなると、チームの雰囲気も良くなり、成果も出やすくなります。レトラクテのあなたがリーダーのときは、なるべく自分で選べるように会社と交渉しましょう。

また、チーム内で衝突を繰り返すメンバーがいて、両者ともに肉付きが薄いタイプの場合は、お互いに相手を許容することができないということです。

あなたがリーダーであるなら、そうした二人は早めに配置転換をして距離を離すことをお勧めします。あなたが当事者であるなら、まずはどうしたら相手を許容できるか、もしくは自分が許容してもらえるかを再考してみる。それでも状況的に難しいようなら、上司に異動を申し出るのも一案です。

# 2　相貌心理学で親子問題を考える

### 子どもの顔を分析する際の注意点

相貌心理学は、親子関係を良好にするためにも役に立ちます。特に子どもは、まだ自分の気持ちをうまく言葉にできないので、顔から内面を理解できる相貌心理学は、子どもの内面を把握するのにとても有効です。

基本的には、子どものディラテ／レトラクテの輪郭の分析は、大人と同じです。輪郭が正方形か丸形のお子さんはディラテ、長方形か楕円形《だえんけい》のお子さんはレトラクテ。

ディラテのお子さんは、体力があるため動きたい欲求が強く、自制するより行動することが得意です。このタイプには、体力を発散させることを考えてあげてください。エネルギーを持て余すと、感情のコントロールが難しくなります。ネガティブな気持ちにどう対処したらいいのかわからなくなると、感情が爆発してしまうこともあるのです。

そんなときは、周りの大人が「どうしたの？」「何に困っているの？」と丁寧《ていねい》に聞いてあげることが大事です。

レトラクテのお子さんは、ディラテに比べてエネルギーが少ないため、自分を守る力が強く、行動するよりも自分を抑《おさ》えることが多くなります。

レトラクテの子は疲れやすいため、理由もなく不機嫌になったときは「疲れている」のサインです。家の中でグタッとしているときも怠《なま》けているのではなく、心身ともに疲れているのかもしれません。自制心の強いレトラクテの子は無理しがちな一面がありますから、普段からよく観察して、本人が出しているサインを見逃さないようにしましょう。

ところで、子どもは成長途中にあるため、顔のゾーンが確定するのはおおよそ中学生以降になります。それまでは、今後の変化を考慮し、目安程度の理解とします。

中学生以降のゾーンの見方や分析の仕方は、基本的には大人と同じです。

ただし、発達段階にある子どもを見る際には、大きな注意点があります。「この子は○○タイプだから、こんな性格」と決めつけるのではなく、あくまで「可能性の一つ」として対策を考えておくということです。成長の途中にいる子どもは、内面も外面も日々、変化し続けていますから、先入観を持たず、常に観察し続けていただきたいと思います。

周りの大人が、どれだけ柔軟に、また寛容性を持って接するかが子どもが成長した後の考え方や人間関係にも大きな影響を及ぼすのです。

## ゾーン別・はまりがちな親の行動

親や周囲の大人は、子どもに対する影響力の大きさを考慮して行動すべきでしょう。しかし実際には、それぞれのゾーンの人がはまりがちな親の行動が見られます。

ご家庭によって複雑な人間関係がありますから、こうと決めつけることはできませんが、相貌心理学から見た一般的な見解として心に留めておいていただけると嬉しいです。

「思考ゾーン」の親御さんの場合は、「これがいいに決まっている」と我が子にも自分の理想や価値観を押し付けがちな傾向があります。

自分の頭で考えたことにこだわりすぎて、目の前のお子さんの特性や傾向を見ないままに強要してしまうこともあるようです。たとえば学歴にこだわり、子どもの早期受験をするご家庭が多いのも、知識や教養に価値を感じる思考ゾーンに見られる傾向です。しかし子どもの成功を願っての行動でも、本当にその子のためになるのかをよく考えなければ、子どもが持つ可能性を潰してしまうこともあります。

もしも幼い子どもに受験をさせたいのであれば、その子どもの特性に合った対策をとったほうがいいでしょう。

たとえば、お子さんが体力の少ないレトラクテの場合は、体力に注意が必要です。学校に行くことですでに疲れているのに、それからさらにお弁当を持たせて二一時や二二時まで塾で勉強をさせていたら、翌日にグッタリ疲れてしまうからです。

それを見て、「なんでそんなやる気がないの？　せっかく高い塾に行っているのに」などと叱っても、子どもにはどうしようもありません。

輪郭の細長い子は疲れやすいということを考慮して、塾ではなく家庭教師にするとか、塾通いも週末だけにするなどの対策が必要でしょう。

また、大勢で過ごすのを嫌がるタイプの子もいますから、よく観察し、よく対話をして、そのお子さんに合った勉強法を考えることが大切です。

「感情ゾーン」の親御さんの場合は、子どもに自分の感情を押し付けやすい傾向があります。感情にムラがあり、気分次第で言うことが変わる傾向も見られますので、子どもに対しては常に一貫性を持って接することが大事です。

「活動ゾーン」の親御さんの場合は、合理的な現実主義の一面を持つため、お子さんの成績など、あくまでも目に見える数字で物事を判断しがちな傾向があります。

たとえば、テストの点数が良かったら「いい子」、点数が悪かったら「悪い子」というように、目で見えるもので子どもを判断してしまうこともあるようです。

もしかしたら、その子は絵を描くのが上手なのかもしれませんし、お話をつくるのが上手かもしれません。わかりやすいもので決めつけてしまうと、子どもの才能を潰してしまうことにもなりかねません。常に子どものさまざまな面に注目してみましょう。


こうしたことは、すべてのゾーンに言えることです。

思考ゾーンの親は自分の理想像を、感情ゾーンの親は自分の感情を、活動ゾーンの親は現実的過ぎる視点を押し付けることで、子どもの可能性の芽を摘んでしまうリスクがあるのです。

親を喜ばせようとして子どもは親の言う通りにしようとしますが、本当にやりたいことを我慢するうちフラストレーションが溜《た》まり、感情が爆発してしまうこともあります。

お子さんにいつもとは違う言動や顔の変化が見られたら、周囲の大人がその子の特性を十分に理解できないまま、何かを押し付けてしまっているのかもしれません。「子は親を映す鏡」というように、お子さんが抱える問題は親御さんの問題でもあるのです。

まずはお子さんの個性を理解して、それをそのまま受け入れることが大切です。何をするにしても、相手の体力や特性に合った方法を考えましょう。

そうした柔軟な姿勢こそ、お子さんの寛容性だけでなく、親自身の寛容性も伸ばしていくことにつながるはずです。

## 顔の変化で子どもの精神状態をチェックする

子どもの場合、大人に比べて感受性が豊かなため外部の刺激に対する反応も早く、それらの影響が顔に顕著に表れます。そのため、顔もすぐに変わっていきます。

ですから、日々お子さんの顔の変化を観察し続けることで、その精神状態の変化を把握することができるのです。

見るべき一番のポイントは、顔の肉付きです。

まず、お子さんの横顔を見てみましょう。

一般的に子どもの顔の肉付きはまん丸で、ぽっちゃりとしています。大人になるとともにさまざまなリスクを学ぶことによって内面が成熟していき、その表れとして顔の肉付きは少しずつ平坦《へいたん》になっていきますが、子どもの段階ですでに平坦になっている場合、自分にブレーキをかけていることを表しています。

つまり、現状に対して何らかの我慢を強いられているということ。フラストレーションが溜まっているサインかもしれません。

もしもお子さんの顔の肉付きが平らになっていたら、今の環境を見直してみましょう。

ちなみに、比率をきちんと調べたわけではありませんが、私が最近気になるのは、顔の肉付きの平坦な子どもや若い世代が増えているということです。

幼児期から思春期までというのはさまざまなものを吸収していく時期ですから、その時期に禁止や自制ばかりさせていたら、雑多なものは吸収できません。閉鎖的な環境の中でしかコミュニケーションをとらない場合は、寛容性も育ちにくくなります。

また、内面が成熟せざるを得ない環境に置かれると、顔の肉付きが薄くなるだけでなく、顔の拡張ゾーンの分化が早くなる傾向もあるようです。

実は、内面の発達と顔の変化については個人的に強い興味があり、以下のような調査をしたことがあります。

それは、東京都心の有名私立幼稚園の子どもと、東京郊外の幼稚園の子どもの顔の比較調査です。すると、都心の有名私立幼稚園には顔の肉付きが平坦なだけでなく、すでに顔の拡張ゾーンの分化が始まっているお子さんが多く見受けられました。

ゾーンの分化が早くなるということは、内面の成熟が早いということです。

この都心の幼稚園は、ほぼ１００％のお子さんが私立小学校を受験し、進学すると言われています。お受験のためには幼い頃から自分を律し、大人の言うことを聞く必要がありますから、ある意味で内面が成熟せざるを得ない環境にあるということです。

もちろん、どちらがいい、悪いと判断したいのではありません。また、追跡調査をしていないため、現状ではこれらのことが後の成長にどのような影響を与えるかは不明です。

ただ、晩年、フランス・ナントに小児専門の精神科を設立するなど、子どもの内面をも研究対象としていたコルマン博士は、子どもは自然な歩みとは違う速度で成長すると、ある程度のストレスとなって内面に蓄積されていくと推測しています。子どもが時間をかけて一人前に成長していくのには意味があり、その成長速度だからこそ、学べるものもあるということです。

それぞれの子の内面をしっかり見て、それを受け入れ、良い部分を伸ばしてあげることが大事ではないでしょうか。

子どもの顔のチェックに話を戻しましょう。

精神状態が悪化したときなどは、顔の肉付き以外に目に変化が表れることもあります。

たとえば、目がくぼんできたとか、黒目が上まぶた寄りになり、三白眼のような状態（図版101ページ）になってきたときには注意が必要です。精神的に厳しい状況に置かれている可能性があります。

また、左右の目や鼻、口の位置に不均衡が見られたら、感情の表出がうまくいっていないことを表しています。そんなときはよくお子さんの話を聞いてあげることが大切です。

繰り返しになりますが、顔は環境がつくるもの。その人の内面の状況を映す鏡です。周囲の大人は子どもの顔を見て、自分のあり方を学ぶ必要があります。

小学生くらいまでは、どんなことも決めつけず、まずはお子さんが何に興味を持ってエネルギーを注いでいるかをよく観察することが大事です。

## 3　相貌心理学でパートナーシップを高める

### パートナーの特性を見極める

次は、恋人や夫婦の間のパートナーシップについて見てみましょう。

コロナ禍では自粛生活やリモートワークが進んだことで、自宅で過ごす人も増えました。その分、家族と過ごす時間が増えた人も多いかもしれません。そんな時間を心地よく過ごすためには、お互いをよく理解し合うことが大切です。

特に夫婦やカップルの場合は、感じ方の違いから喧嘩《けんか》や揉《も》めごとに発展してしまうこともあるかもしれません。

たとえば、感情ゾーンのある女性は、思考ゾーンのパートナーの言葉遣いや言い方が気になって仕方がないと話していました。相手の言っていることの正しさはわかるものの、「なぜ、そんな冷たい言い方しかできないのか」と反発してしまうというのです。

感情ゾーンは話の中身そのものより、相手の口調や言い方に引きずられて感情的になってしまうことがあります。事実がどうであれ、自分が傷ついたことに反応してしまう。感情ゾーンは耳から得られる情報に敏感で、人の言葉を感じやすい傾向があるためです。

一方、思考ゾーンの人は、以前と話していた内容が違うとか、論理が合っていない、筋が違うといった部分にカチンと来ることが多いようです。

このように、ゾーンの違うカップルが喧嘩をした場合、相手が何を重視しているのかを理解できなければ、お互いの話は平行線のままです。

お互いに気になるポイントが違いますから、言い合ってもきりがありません。相手の感じ方を理解しておくことで、揉めごとも減っていくのではないでしょうか。

ちなみに活動ゾーンの人の場合は、争いに勝つことで自分にメリットがあるのであれば言い合いをしますが、そうでないときには黙って引くだけ。利益のないことにはエネルギーを割いても意味がないと考える傾向があります。

では、怒りに駆られたとき、各ゾーンはどのように感情を表す傾向があるでしょうか。

「思考ゾーン」は、「言葉の刃《やいば》」で相手を追い詰める傾向があります。論理的に相手の痛いところをついていくのが得意です。

そのため、思考ゾーン同士のカップルが衝突したときはお互いに引かず、理詰めの言い合いになりがちです。

また、このゾーンは、その後も豊か過ぎる想像力を駆使して頭の中で悶々《もんもん》と考えてしまうため、後々までネガティブな気持ちを引きずりやすい傾向があります。

一方、「感情ゾーン」の人は怒りをその場で爆発させます。ただ、気分が変わりやすい傾向があるため、感情を爆発させた後は比較的早く平常心に戻る人が多いようです。

「活動ゾーン」は、激しい怒りに駆られたときにはついつい相手との距離感を失いがちになり、感情を行動で表現することもあります。

もちろん、それぞれの傾向に輪郭やパーツ（器官・部位）も加味されるため、特性も違ってきますが、大まかにいえばゾーンによってこのような違いが見られるということです。

つまり、逆に言えば、夫婦やカップルは自分にない相手の特性をお互いに尊重することができれば、パートナーシップを高めていくことができるということです。自分にないものを補い合うことで、一人でできないことにもチャレンジできるかもしれません。

また、第1章で触れたように、体力のない人が無理をして体力のある人に合わせても、つらくなってしまいます。まずは、相手の体力やコミュニケーションの傾向を知ることが、パートナーと円満に過ごす第一歩とも言えるでしょう。

## 「あのカップル」の相性は？　～相貌心理学で見るトランプ夫妻

各ゾーンがパートナーシップでどのような言動をする傾向があるかをまとめましたが、前述のように輪郭やパーツも大きく関わってきます。

そこで、実在の有名人カップルを例にとって、相貌心理学から総合的に判断できる相性について見てみましょう。

取り上げるのは、米国元大統領のトランプ夫妻と現大統領のバイデン夫妻です。

トランプ夫妻は二人とも思考・感情二重拡張ゾーン、バイデン夫妻は二人とも思考ゾーンです。いずれも「レトラクテの夫」と「ディラテの妻」の組み合わせで、理想の実現を目指す夫と、それを支える現実的な妻という構図になっています。

まずはトランプ夫妻を見てみましょう。

ドナルド・トランプ元大統領は、「思考・感情二重拡張レトラクテ」。

高い理想や想像がモチベーションを向上させるとともに、感情ゾーンも優位であるため「世の中があなたを必要としている」といった周囲からの賞賛の言葉や人々の歓声が、彼の強い承認欲求を満足させています。

横顔を見たとき、横顔のラインが鼻を頂点に「く」の字のような形状の人は勝負好きであることを表しています。彼も「いつでもナンバー1でいたい」という意識が強く、競争によって得られる高揚《こうよう》感も、彼の原動力に火をつけていることでしょう。

さらに、輪郭に対して小さい鼻が示すのは、自己中心的でエゴイストな傾向です。また鼻はニンニクのような形状（図版215ページ）をしており、所有欲求が強いことを表します。何でも自分のものにしたい、また周囲の人が自分の思い通りに動かないと気が済まないといった一面も見られることでしょう。

あご先が平らでどっしりしていて、横顔から見たときに前に出ていますから、野心家で、かつその野心を実現する力もあります。また豊かな想像力を駆使して次の可能性を練《ね》り、それを展開していく力にも長《た》けています。ただし、強すぎて自分の意見を相手に押し付けがちな面もあります。

　また、意外にも細長い輪郭と顔の肉付きの薄さ、さらに横顔から見たときに奥まっていてかつ細い目が表すのは、繊細さと「自分で選ばなければ気が済まない」という用心深さです。このように、彼の顔から見えてくるのは、高い理想に強い承認欲求、そして何事も一番でなければ気が済まないという自己中心的な特性です。

　高い理想を掲げるものの、その理想は自己中心的な承認欲求が満たされてこそ成り立つもの。ときに主観的になり、理性と感情が入り混じって冷静さを欠くこともあります。

**横顔に勢いがある人は、**
**行動に勢いがある**

**「く」の字＝新幹線型**

・勝負好き
・いつでもナンバー1でいたい
・常に変化を求める

**鼻からあご先にかけて**
**斜めに傾斜**

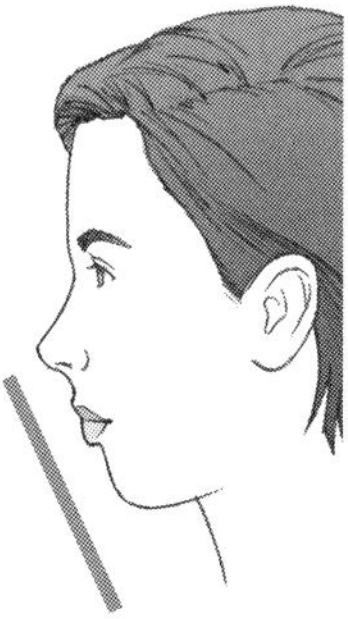

・行動が速い

では、彼のパートナーであるメラニア夫人はどうでしょうか。

メラニア・トランプは、「思考・感情二重拡張ディラテ」。

スロベニアの名門・リュブリャナ大学を一年で中退し、ヨーロッパでモデルとして活躍した後に渡米し、二〇〇五年に二四歳年上のトランプと結婚しました。

豊かな想像力の持ち主で、高い理想を描きますが、ディラテであるため、現実的な一面を持ち、その理想が現実から離れることはありません。

彼女の顔で特筆すべきは、頬《ほお》の形状です。肉付きは夫と同じように薄いのですが、彼女の大きな張り出した頬骨は、「愛してほしい」「社会的に認められたい」という承認欲求が強いことを、また衝動性が強いことを示しています。

夫と同じように思考ゾーンとともに感情ゾーンも優位であるため、感情的な傾向があります。彼女のように、感情ゾーンが優位で頬骨が張っている場合は、衝動的な傾向が相重なるため、感情が高まりやすく、冷静さが欠如する傾向があります。

そして、顔の肉付きが薄く、目も奥まっている彼女は感受性が敏感で、他者に対する気配りにも長けているはずです。

ただし、自分の理想や価値観に固執する傾向があり、他者を受け入れる寛容性や順応性はそれほど高くはないでしょう。

また、彼女には夫と同じように「人からどう見られるか」を気にする一面がありますが、夫とは違い、自己中心的な要素は見られません。そのため、周囲からの過度の関心は彼女のモチベーションを上げるどころか、疲弊させてしまうでしょう。

彼女をさらに疲れさせるのは、制限された環境です。

ディラテで、横顔から見たあごのラインがくっきりと出ている彼女は、もともとバイタリティに溢《あふ》れています。自分の理想や好奇心を満たすために自由に行動したいと考える傾向があるため、制限された生活ほど彼女にフラストレーションを与えるものはないでしょう。

大統領夫人という立場はステイタスや名誉という現実的満足を得る一方、自分の感情すら自由に表せない環境です。彼女にはそれがストレスになっていた可能性があります。

このように、トランプ夫妻は両者ともに「自分の存在価値を認めてもらいたい」という承認欲求が強いのですが、さらに彼女の場合は、多くの愛情を欲する傾向があります。

しかし夫は自分が一番で、自分より優れているものは認めたくないというタイプ。彼女の愛情欲求も満たしてくれないどころか、逆に自分を満たしてくれとせがむような存在です。彼女がその関係に満足できているのか、内面に抱える葛藤が気になるところです。

感情ゾーンが優位でディラテの彼女。世話好きな特性を発揮して、夫を自分の息子のように思い、自己中心的な面も魅力の一つと思えているうちは関係も良好かもしれません。

とはいえ、夫よりずっと現実的な視点を持つ彼女にとっては、金の切れ目が縁の切れ目となる可能性も高いというのが、相貌心理学からの見解です。

## バイデン夫妻は足りないものを補い合える最高のパートナー

一方、現大統領であるバイデン夫妻はどうでしょうか？

まず、額《ひたい》が広いバイデン大統領は、「思考レトラクテ」で高い理想を持っています。

トランプ元大統領もそうですが、目が細く唇《くちびる》が薄い彼は完璧主義者の一面もあります。

さらに、目と目の間が狭いことから、集中力が高く、洞察力《どうさつりょく》に優れていることがわかります。目も細めで、物事を選び取りたい欲求が強いことを表しています。

このように、研《と》ぎ澄《す》まされた高い集中力と洞察力、優れた選択眼を併《あわ》せ持つバイデン大統領は、物事のさまざまな面を考慮して選び抜くことでしょう。

また横顔を見ると、鼻からあご先にかけて斜めの傾斜があります（図版171ページ）。横顔に勢いがあると言えます。

一方、まっすぐな額の形状からは、熟考に重きを置く傾向が見られます。つまり彼はじっくり時間をかけて思考するものの、一度決めた後は行動が速いタイプ。考え半ばで突っ走ると後悔することがわかっているため、衝動的な行動を起こすことは考えられません。

また、顔の肉付きが豊かで、寛容性に優れていることがわかります。

しかし、もともとレトラクテで鼻筋も細い彼は、神経質な一面もうかがわせます。この過敏さと豊かな想像力は、ときに疑心暗鬼を招くことがあり、脳内でストーリーをつくり上げては、自分で自分の首を絞める傾向も見られるのです。

そんな夫をうまくカバーしているのが、妻のジル・バイデンでしょう。

英語教師で教育学者のジル夫人は現在、ファーストレディの公務をこなしながら、コミュニティカレッジの教授の仕事も続けています。

「思考ディラテ」タイプの彼女は、現実との接点を失うことはありません。

額が広く、傾斜が強い彼女の思考は速く、しかも入念に練られたものであるはずです。素晴らしい豊かな想像力と展開力で夫を支えていることでしょう。

彼女もまた横顔を見ると、鼻の傾斜が強く、しっかり自己主張する傾向が見られます。しかし、横顔から見たときに目が奥まっています。それが表すのは、目の前の相手が何を知りたいかを的確に見極めようとする客観性です。そのため、彼女が自分の考えを人に押し付けたとしても、相手をしっかり納得させることができるでしょう。

夫と同様、顔の肉付きがいい彼女。ディラテでもあるため、寛容性や順応性、社会性も高く、新しい環境や知らない相手とも容易にコミュニケーションを育めるはずです。

この夫婦は、二人とも思考ゾーンで、物事をロジックで考えがちな傾向があります。また二人とも唇が薄いため、悪気はなくても言葉が冷淡になる傾向は否《いな》めません。しかし、二人とも感情さえ言葉で理解しようとするタイプですから、傷つけ合うことはないでしょう。お互いが求めるものを満足する形で相手に与えることができるはずです。

さらに、目の前の現実よりも自分の理想を重視しがちなバイデン大統領にとって、ときに暴走する理想を止めるのが現実的な彼女です。自分の野心や欲求を強く自制できる彼女が交渉の駆け引きの手腕を発揮し、夫に助言することもあるかもしれません。

一方、自制心が強すぎて妻の勢いが衰えたときには、豊かな想像力と独自の発想力を持つ夫が、きっと良い解決法を与えてくれることでしょう。

ともに顔の肉付きが豊かな二人は、互いに求め合うものが同じでありながら、互いに足りないものを補い合える、最高のパートナーであると言えるのです。

### 「どんな人が自分に合うの？」とパートナー選びに悩んだら……

トランプ夫妻とバイデン夫妻。

新旧大統領の二組は対照的な分析結果となりましたが、実際のセッションでも、パートナーとの相性について相談する方は少なくありません。深い悩みを抱えている人も多いようです。

また、私は婚活関連のセミナーやセッションを行うことがありますが、「どんな人が自分に合うのかわからない」と悩んでいる方も少なくありません。

そこで、相貌心理学の見地から、私はこのようにお勧めしています。

それは「自分の希望に沿った内面を持つ人を、顔から探しましょう」ということです。

婚活では、ファーストコンタクトをする前に、まずお相手を顔写真とプロフィールから選びます。

その際には、顔立ちや容姿の好みからお相手を選ぶ人が多いと思いますが、相貌心理学で自分の望む性格の人の顔の特徴を知ることができれば、内面が合う人を選べるのです。

たとえば、「俺についてこい」とリードしてくれ、家庭を大事にするタイプの男性を好むのであれば、輪郭がどっしりしていて、あご先が平らな人（自分に自信がある）がいいでしょう。また肉付きが豊か（寛容性・順応性が高いので、相手を受け入れる包容力がある）で、肉付きにハリがあれば（どんな問題も乗り越えるというモチベーションの高さ）、家庭を大事にしてあなたを力強く引っ張っていってくれるはずです。

しかし、外見の好みから輪郭の細い人を選んだ場合は、自分の世界を大切にする人が多いため、あなたが望むような態度はとってくれない可能性があります。

このように、外見の好みから選ぶと、外見と内面のミスマッチが起こり、自分の理想とする関係を築くことが難しくなります。

また、「付き合い始めは盛り上がったのに、すぐに喧嘩ばかりになった」という話を聞くことがありますが、それも、自分が好きな顔の好みと自分が安心して過ごせる内面の好みが一致していないためです。

相貌心理学を理解することによって、パートナーを選ぶ視点も変わり、選択肢も増えていきます。婚活でお相手を選ぶときには、「顔はそれほどタイプではないけれど、こういう顔の人は自分がパートナーに求めるものを持っているかもしれない。お話しだけでもしてみよう」という観点を持つことで、選択肢が広がるきっかけになるでしょう。

恋愛に夢中になっているときは、お互いに不都合な点には目が届きにくくなるものです。相手の見た目に惑わされてしまい、大切なことを見失ってしまうこともあります。

ですが、見た目というのは、長い年月の間に変わっていきます。

もちろん自分の好みでなくなることもありますが、その反対に痩《や》せたり太ったり、髪型を変えたり服装の傾向を変えたりすることで、自分の好みに近づくこともあるでしょう。

外見を変えるのは、実はそれほど難しいことではないのです。

しかし、相手の内面を変えるのは簡単ではありません。相手が自分で変わろうと思わない限り、内面は決して変わらないでしょう。また、変わるとしても時間がかかります。

ですから、相手の外見より内面を重視したほうがいい、と私は考えているのです。

自分はどんな人が合っているのか、自分が本当に求めている関係性はどんなものなのか。

それらをしっかり考えた上で、それに合っている人を選ぶことが大切です。もちろん、その前には自分の顔の分析を通して、自身の内面を知る必要があるでしょう。

このように、相貌心理学は人生の選択肢を広げるきっかけになるのです。

# 第6章

# 顔分析からわかる、「あの人」の特性

## ——12のタイプ分析

## タイプ分析とパーツ分析を組み合わせた総合分析の実例

これまで、輪郭《りんかく》とゾーンの組み合わせについて説明してきましたが、最後の章では、その具体例として12のタイプ別に実在する著名人の総合分析を紹介します。

輪郭と拡張ゾーンを組み合わせると、どのような強みが生まれ、どのような特性になるのか。具体的な人物像を掘り下げることで、より詳細にご理解いただけるはずです。

また、それぞれのパーツ（器官・部位）がどのような特性を表しているかについても触れています。以前もお伝えしたように、顔分析は輪郭と拡張ゾーンだけでは見えてきません。パーツの特徴が加わることによって、その人にしかない特性が生まれます。パーツを一つひとつ丁寧《ていねい》に見ていき、総合的に分析するのが相貌心理《そうぼうしんり》学《がく》なのです。

では、12のタイプ別に見ていきましょう。

## タイプ①　思考ディラテ……イーロン・マスク

思考ゾーンを代表する実業家、イーロン・マスク。若い頃の写真を見ると、レトラクテの傾向がありましたが、最近の写真を見る限り、ディラテです。

宇宙開発企業「スペースX」の創設者にしてCEOであり、電気自動車企業「テスラ」の共同創設者である彼。頭の中で考えることを重視しがちな思考ゾーンですが、ディラテという特性が加わることによって、高い理想と豊かな想像力は現実との接地点を失うことはなく、常に現実的です。

彼がテスラを興《おこ》した理由は、「$CO_2$ガスの発生を20％削減できるため」であり、スペースXを興した理由は「再利用できるロケットで宇宙旅行の低価格化」を目指したためといいます。このように、自分の理想像を掲げては、それらを次々と実現していく展開力は、まさしく思考ディラテならではと言えるでしょう。

高い洞察力《どうさつりょく》でキャッチされた情報はスピーディに、しかも深く練《ね》り上《あ》げられ、豊かな想像力を駆使して現実的なアイデアとして展開されていきます。

彼にとって、アイデアや理想は常に具現化できるものであり、実現できない理想など、理想とは言えないのです。ディラテゆえの豊富な体力に裏付けられた継続力と忍耐力で、一つひとつ着実に自分の理想を実現していくことでしょう。

実際、彼は類を見ない「高速経営」で有名です。

テスラの電気自動車の累計生産台数が五〇万台を突破するまでには一五年かかりました

が、事業が軌道に乗り、二倍の一〇〇万台に達したのは、それからわずか一年三ヶ月後でした。二〇一九年末には、二箇所目の組立工場を通常の二倍と言われるスピードで中国・上海に建設しています。

イーロン・マスクには、「コンソントレ」という特性も見られます。

顔の輪郭に対して目や鼻、口などが真ん中に寄っているのがコンソントレです。このタイプは、最小限のエネルギーや物質的な消費で最大限の利益を獲得しようとする傾向があります。

クールな面持ちの下では、夢を実現するための熱い情熱が煮えたぎっているはずですが、思考や行動が感情の動向に左右されることがないのも、コンソントレの特徴です。

コンソントレの人にはすべてを自分のものにしたいというエゴイストな面も見られます。しかしエゴイストだからこそ、自分の理想に集中することができるとも言えます。他人のことは良くも悪くもあまり気にならないため、自分の理想に集中できるのです。

さらに、鼻筋が細く、特に小鼻の肉付きが薄い彼は、感受性が強く、環境や自分を取り囲む人々の刺激を敏感に感じ取る傾向があります。

そのため、情熱や理想を妨害するものに対しては豊富な体力やコミュニケーション能力を駆使して果敢に立ち向かいます。攻撃的になることもあるでしょう。しかしディラテの彼は、物事が終われば興味は次の対象に向かい、執念深く根に持つことはありません。

懸念があるとすれば、彼の奥まった、かつ小さな目が自分の考えに固執しすぎる傾向を示していること。豊かな想像力があるにもかかわらず、自分の価値観に強く固執しすぎるあまり、柔軟性に欠ける判断をする可能性があります。

また、唇《くちびる》の上下の厚みに差が見られますが、これは理想と現実の間に差があることを示しています。傍目《はため》からはどんなに成功しているように見えても、彼にとって、理想の実現はまだまだ先の話。自分の理想と現実のギャップに彼自身がもがいている最中なのです。

## コンソントレ

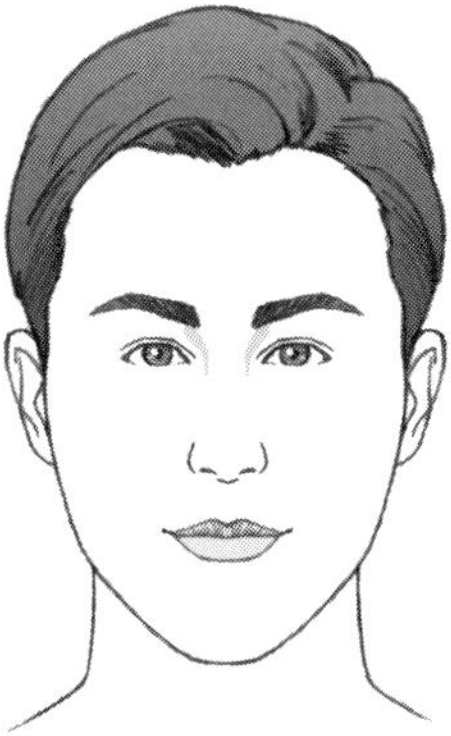

顔の輪郭に対して、
パーツが真ん中に寄っている人は
最小限のエネルギーで
最大限の利益を獲得しようとする

しかし同時に、こうしたギャップこそが彼をさらなる高みに引き上げる原動力となっているとも言えます。火星への人類移住計画を掲げているマスク。自分の理想の実現に向けて、これからの活躍も大いに期待したいものです。

## タイプ② 思考レトラクテ……ビル・ゲイツ

マイクロソフトの共同創業者として世界的なインターネットブームを牽引《けんいん》してきたビル・ゲイツ。二〇世紀を代表する起業家の彼は「思考レトラクテ」タイプです。知的好奇心に溢《あふ》れ、0から1をつくる発想力に優れています。

このタイプの人の原動力は高い理想です。豊かな想像力と独立心、野心で自らの理想を追い求めます。

彼の場合、特筆すべきは正面から見て垂《た》れた鼻先です。この鼻は相貌心理学では、常に物事に対して否定的になりがちなことを表しています。

ちょっとやそっとのことでは「イエス」とは認められない。もっと良いものができるはずだ。こうした否定的な姿勢が、豊かな想像力と相まって独自の価値観を作り上げ、彼の知識や才能を唯一無二のものにしていると分析できます。

彼にはまた、特徴的な額《ひたい》の凹《へこ》みが見られます。このような形状はフランス語で洗面器を指す「キューベット」と言われますが、一つのことを深く掘り下げる内省力や集中力があることを示しています。

この内省力や集中力は、感情とリンクすれば内省につながり、自分を追い詰める要因にもなり得ますが、思考とリンクすれば、知識を貪欲に求める探究心につながります。

**キューベット**

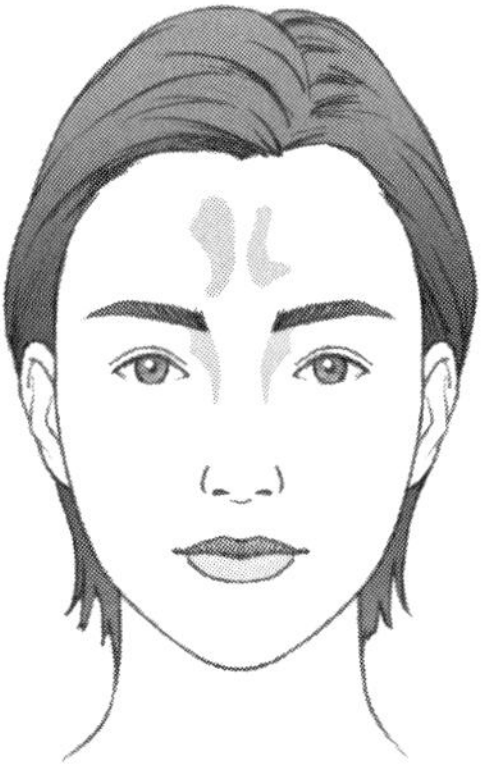

内省力や集中力が高い

この尽きることのない探究心は、すべての物事に対して「ノー」と言い続ける彼の否定の力を、さらに強固なものにしているはずです。

また、目の細さは理想の高さを表し、唇の薄さは自制心の強さを表しますが、目の細さと唇の薄さの両方を備えている人は、これ以上ないほど理想を追求する完璧主義者であることを表しています。

ストイックなまでに自らの理想を追い求める彼にとっては、逆境ですら、最高のシチュエーションと捉《とら》えることでしょう。なぜなら、目が細く、唇が薄い人は逆境を乗り越える痛みこそが最高の自分をつくり出し、また逆境こそが、自らの価値観の正しさを検証する機会だと考える傾向があるからです。それゆえ、実証された自らの価値観に対しては揺るぎない自信を持つでしょう。

薄い唇の人はまた、論理的であるがゆえに、その発する言葉はまるで刃物《はもの》のような強さと冷たさを持ちがちです。

またレトラクテゆえに彼は少ない体力を無駄には使えないため、自分の知的好奇心を満足させる事柄以外には興味を持たないでしょう。

そうした傾向はコミュニケーションにも影響を及ぼします。彼が心を許すのは、自分と家族、そしてとても近しい数人の人間だけ。広く浅い人付き合いはしないでしょう。

相貌心理学から分析すると、彼にとっては、優しさもまた論理的でなければならないはずです。しっかりした理由があって初めて優しくすることができるのです。当然、理由がなければ優しくする必要はないと考えます。感情も愛情も、すべて言葉で明確に表すことができるもの。それが彼にとっての感情であり、愛情であると思われます。

経営の第一線から身を引いた彼は慈善活動のために財団を立ち上げ、教育問題や気候変動対策に取り組んでいます。こうした活動も自らの理想の社会を実現するためでしょう。

このように、彼の最大の強みは、垂れた鼻先、キューベット、目の細さ、唇の薄さなどが示す「否定の力」と分析できます。自分に大きな自信があるからこそ、確信を持って「ノー」と言えるのです。彼にとっては現状の否定こそが新しい可能性を切り開き、次の理想を彩る原動力になるはずです。

## タイプ③　感情ディラテ……北野武

お笑いタレントや映画監督、作家、俳優など、多分野にわたって活躍している彼も、若い頃は輪郭が細くレトラクテの傾向がありましたが、現在はディラテです。
「感情ディラテ」の彼は、他者とのコミュニケーションや触れ合いを重視します。高まる歓喜の高揚《こうよう》を他者と分かち合うことに、何よりも幸せを感じることでしょう。

　このタイプの人は寂しがりやで、一人でいることを好まず、常にワイワイがやがやと人と一緒にいることを好みます。弟子を多く取り、歴代で一〇〇名を超えるとも言われる「たけし軍団」を抱えていたことなども、そうした表れでしょう。

　承認欲求の強い感情ディラテのタイプは、自分を必要としている人たちが自分の存在で癒されることが原動力となるのです。

　また感情ゾーンの特性として感情で物事を判断する傾向があり、「好きか嫌いか」「楽しいか楽しくないか」が大きな判断基準となります。

　また、彼の大きな頬骨《ほおぼね》は、相貌心理学では「愛してほしい」「社会的に認められたい」という欲求が強いことを表します。

　そして、顔の肉付きは前に出ていたり引っ込んでいたりと、正面から見て変化に富む形状をしています。こうした肉付きは、感情の起伏が激しいことを表しています。

　顔の肉付きは、感受性をカバーするクッションの役割を持っています。このクッションがあるところとないところが混在する人は、環境や他者からの刺激がどこに当たるかによって、本人の反応が異なるのです。

そのため、感情が高ぶると、感情が爆発するまま衝動的にふるまうこともありますが、起伏がある分、その状態は長く続くことなく、すぐにおさまるでしょう。

二面性があるとも取られかねない、感受性の鋭敏さと鈍感さ。この両極端の振れ幅が、額の丸みが示す豊かな想像力と混じり合って、彼のアーティスト活動の源になっているのではないでしょうか。

さらに、横顔から見て傾斜のある鼻は、自分の意見を強くはっきりと伝える傾向があることを示しています。

ただ、自分の意見は出しても、感情はあまり外に出そうとはしません。正面から見て鼻の穴が見えない人は、自分の本音を内に秘める傾向があるからです。

また、横から見て、横顔のラインが鼻を頂点にまるで「く」の字のような形状の人は、行動に勢いがあり、常に変化を求める傾向を持っています。ディラテの彼の場合、体力があるため持久力や忍耐力もありますが、飽きやすい一面もあり、変化のない毎日には疲弊してしまいます。彼のエモーションを刺激するような特別なことがない限り、どんなこともそれほど長続きはしない傾向があります。

それでも、もともと習慣や伝統を好む感情ディラテの彼は、基本的には日常や習慣という枠組みを逸脱することはないでしょう。常に変化を求める傾向はあっても、「いつもの皆」と一緒にさまざまな変化や経験をシェアすることに喜びを見出すためです。

自分がいることによって皆が幸せになり、また皆がいることが自分の幸せでもあるという思い。この強い思いこそが彼を満たし、その満足感がさらに彼の向上心を刺激して、彼を動かす原動力になることでしょう。

## タイプ④　感情レトラクテ……レディー・ガガ

優れた音楽性に加え、独特のファッションやパフォーマンスで世界的な人気を博し、史上もっとも売れたアーティストの一人となったレディー・ガガ。

輪郭の細長い彼女は、多感な感受性に溢れた「感情レトラクテ」タイプです。感情の高揚とエモーションの爆発が、彼女を動かす原動力になっています。

彼女も、横顔から見たときに鼻の傾斜が強いタイプです。横顔のラインがまるで「く」の字のように突出していますが、このタイプの人には、行動に強い勢いが見られます。

この勢いと、レトラクテゆえの敏感さは、彼女の臨機応変さや即興性という素晴らしい才能を育んでいます。

とはいえ、レトラクテであごの細い彼女の体力は限られたものです。感情ゾーンが優位なため、感情が思考や行動の動向を支配する傾向がありますが、体力が少ないためアンバランスになりがちで、行動も不安定になってしまうことがあります。実際、彼女は以前コカインなどの薬物にはまり、重度の中毒状態に陥っていたことを告白しています。

感情レトラクテである彼女のモチベーションは、彼女に対して高らかに上げられる歓喜の声。それによって、自分の存在を必要としてくれる人がいる、自分の存在が多くの人を幸せにしていると感じて、承認欲求が満たされるのです。

彼女の大きな張り出した頬骨は、承認欲求や衝動性が強いことを示しています。そのため衝動性が少ない体力を補って勢いよく突っ走ることになります。

一方、安定感のない尖《とが》ったあご先が表すのは自信のなさ、そして自分に対する信頼の欠如です。こうした自信の欠如は、彼女を見る者に儚《はかな》さを感じさせます。

このように、衝動性や勢いを持つ一方で、儚さも持ち合わせる彼女。両極端のエネルギーがぶつかり合うことで、独特のアンバランスな魅力が生まれていると言えるでしょう。

しかし、この両極端のエネルギーは、いわばアクセルとブレーキです。アクセルとブレーキを同時にかければ車は止まるように、ときに彼女の行動は突然停止してしまいます。

もともとアクセルが強い彼女にとって、行動の停止は思考の停止につながり、レトラクテ由来の豊かな想像力は行き場を失うことになります。

感情ゾーンが優位な彼女は、そんなときには泥沼のようなネガティブな世界にズブズブと沈み込んでいってしまうことでしょう。想像力が豊かである分、よりネガティブな妄想を駆り立ててしまうのです。

勢いの強い彼女にとっては、動き続けることこそがベスト。創造的な活動を続けていくためには、立ち止まってはいけないのです。

ですから、彼女をレディー・ガガとして輝かせるためには、ブレーキ（体力のなさや自信の欠如）を補足するものが必要になります。

横顔から見たとき、あご先が眉頭《まゆがしら》より後退している彼女は、野心の実現に後《うし》ろ盾《だて》が必要なタイプ。彼女には、才能を後ろから支える存在が必要です。

そもそもこの尖って、かつ後退した彼女のあご先を見る限り、いくら素晴らしい想像力や豊かな才能に恵まれていても、自身の力だけでそれらを開花させるのは難しかったのではないでしょうか。

自分に自信を持てない不安定な彼女が自分の行動をコントロールするためには、信頼関係でつながれた存在が必要です。

強さと儚さ、勢いとブレーキ。相反するエネルギーが昇華されて素晴らしい作品を生み出す彼女は、周りにいる存在によって、その人生もまた大きく変わっていくはずです。

## タイプ⑤　活動ディラテ……葉加瀬太郎

ヴァイオリニストとして活躍する彼は「活動ディラテ」タイプです。この活躍も、楽器という実際の物質との相性が良く、手先が器用な活動ゾーンならではと言えます。

活動ディラテにとって、叶《かな》えられない夢は夢ではありません。そのため、現実味のない夢物語には関心を抱くこともないでしょう。活動ディラテの物事の判断基準は、自分にとって使えるか、使えないか。常に興味があるのは目の前の現実であり、そして自分にメリットがあることなのです。

超現実主義、成果主義であるため、成果は目に見えるものでなくてはなりません。

彼はインタビューで、中学時代にはすでに音楽で生きていくことを決めており、授業中はずっと「ウォークマン」でクラシック音楽を聴いて楽譜を読むなど、自分の興味のあることしかやらなかったと語っています。このように、活動ディラテの人は物事のメリットとデメリットをしっかり見極めて、確実に実利を選び取る傾向があるのです。

また、目が大きすぎると、視覚情報の刺激を受け過ぎて意識が散漫になりやすい傾向がありますが、目が細い人は自分にとって必要なものを選別したい欲求が強いので、左右の目の高さに大きな非対称がなければ、的確に選び取ることができます。

選び取ることのできる彼は、選び取った情報をまず「ノー」と否定することでしょう。これはビル・ゲイツと同じように、正面から見て、鼻先が垂れていることから理解できます。

迷わず「ノー」と言えるということは、そこにさらなる可能性を見出しているからです。普通の人であれば、「この辺でいいか」と妥協してしまうことでも、まだまだ改善できる、もっと良くなるはずだと信じるからこそ挑戦を続けられるのです。「ノー」と言い切れる否定の力は、成功者の大きな特徴とも言えます。

コミュニケーション欲求は高く、家族や集団、仲間というものをとても大切にします。ディラテの人はもともと孤独に弱く、多くの人といることを好みますが、目の細さが加わると選り好みが強く、コミュニケーションは自分が選んだ相手か、自分にとってメリットのある相手であることがベースとなるでしょう。

体力が豊富なことを表す輪郭に対して、彼の口は小さく、体力の調節窓口が小さいことを表しています。つまり、豊富な体力をうまく調節して使えるということ。持久力や忍耐力にも優れています。

こうした体力を武器にして、彼はストイックに自分自身を追い込むことを好みます。目が細く、唇の薄い彼は、逆境こそが自分を強くすると考える傾向があるからです。

自分自身にも「ノー」を出し続け、今の自分の才能をどう展開していくかを見極めようとする彼。それを着実に実行していける強さがあるからこそ、今の成功があるのです。

## タイプ⑥　活動レトラクテ……カニエ・ウェスト

二〇〇〇年代初めから数々のヒット曲を生み出しているラッパーのカニエ・ウェスト。グラミー賞を二一回も受賞するほか、音楽プロデューサーやファッションデザイナーとしても活躍しています。

二〇二〇年には自ら設立した政党から大統領選に出馬したことは、大きな話題になりました。

活動ゾーン拡張に輪郭の細長さが加わった彼は、「活動レトラクテ」タイプです。

彼の額に注目してみましょう。額の傾斜が非常に強く、横から見たときに眉から生え際に向かって斜めになっています。このような額の強い傾斜は、頭の回転が速く、瞬時に物事を判断することができることを表しています。

しかしそれは裏を返せば、思考が速すぎて物事を熟考しない傾向があるということ。ときには他者への配慮に欠けることもあります。実際、彼も他のアーティストに暴言を吐く、泥酔して暴れるなど、問題をたびたび起こしては謝罪を繰り返しています。

また、相貌心理学では「額の凹凸《おうとつ》」は思考の深さを表します。

横顔から見て額の真ん中がへこんでいる人がいますが、こうしたへこみは相貌心理学では「熟考のゾーン」といわれ、理論的に物事が考えられることを示します。

彼の額は凹凸がなく、きれいに傾斜しています。

このため、活動ゾーンゆえの本能的な欲求が強い彼の思考は内省されることなく、何かを思いついたら、すぐに外に投げ出されるはずです。

内省や熟考が少ない分、アイデアが持つ勢いは素晴らしいのですが、周囲に破天荒な人と思われてしまうこともあるでしょう。実際、彼も大統領選で落選したにもかかわらず、すぐに次の大統領選にも出馬意欲を示したことから、妻のキム・カーダシアンに離婚を切り出されてしまったことが報道されています。

そして、目と目の間が狭い彼。これは集中力の高さを表しますが、一つのことに集中すると、他のことが見えなくなることも示しています。

アイデアが思い浮かべば、脇目もふらず勢いにまかせて走り続ける。その際、周りに対する配慮や優しさは忘れられ、ようやく止まるのは何かの問題にぶつかったとき……そん

### 額の凹凸

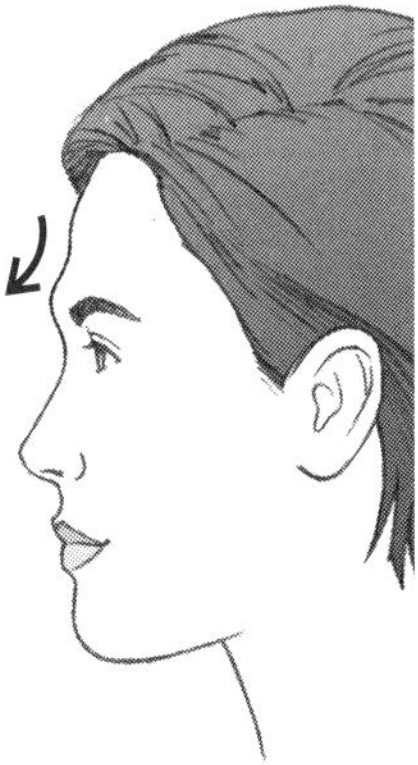

横顔から見て
額の真ん中がへこんでいる人は、
理論的に物事が考えられる

な人物像が分析により浮かび上がってくるのです。

　現実主義の活動ゾーンにレトラクテが加わった彼は、現実的な事柄に豊かな想像力を加味して、独特の世界観を築き上げています。さらに、顔の肉付きの薄さは、彼の感受性が敏感であることを表しています。

　勢いと敏感さが彼の音楽活動を高めていると言えるでしょう。

とはいえこの感受性のために、自分が傷つくことを恐れ、疑り深くなる一面が見られます。自分の心の奥底はなかなか語らないことでしょう。

　また、周囲の人に対する選り好みも激しくなる傾向があります。活動ゾーンであるため、もともと物事のメリットを見極めるのが得意な傾向がありますが、さらに疑り深さが加わって、彼が選ぶ相手の選択基準は自分へのメリットを重視したものとなりがちです。

　基本的には物事をそれほど深く考えない傾向があり、目に見えるメリットやデメリットで物事を捉えようとするため、物質的利益が人への判断基準となる可能性も否《いな》めません。

　さらに、彼の横顔を見ると、鼻や頬の感情ゾーンが思考と活動ゾーンに挟まって、面積が小さくなっています。他のゾーンと比べて割合が小さなゾーンというものは、そこにすべてのフラストレーションが表れる、つまりストレスのはけ口となる場所と言えます。

　彼の本能的な欲求が満足されないときに生み出されるフラストレーションは、感情の不安定さを引き起こすことでしょう。

こうした破天荒さや感情の不安定さは、彼のアーティストとしての魅力をさらに彩り、華やかなものにしているのかもしれません。しかし同時に、人生を厳しいものにしていると思えてならないのです。

## タイプ⑦　思考・感情二重拡張ディラテ………ウラジーミル・プーチン

二〇年以上という長期にわたってロシア連邦の最高権力者であるウラジーミル・プーチン。思考ゾーンと感情ゾーンが拡張した二重拡張タイプで、輪郭が正方形や丸形のディラテです。

ディラテの彼は豊富な体力で、どんな環境にも馴染《なじ》むことができる寛容性と順応性を持っています。

横顔から見て、非常に傾斜の強い鼻は、自分の意見を強くはっきり伝える傾向があると同時に、自己主張が強く、競争好きなことを表しています。また、彼の奥まったかつ細い目は、物事をしっかり選び取ることに長《た》けているが、自分の価値観に固執することも示しています。常に競争を勝ち抜いて一番になることを欲する傾向のある彼は、決して油断することなく、高い洞察力と選択眼で周囲をくまなくチェックしていることでしょう。

ＫＧＢ（ソ連国家保安委員会）の諜報員《ちょうほういん》だった彼は、政界に進出して以来、実力で出世を重ねていきますが、大統領になるまでにはさまざまなライバルがいたはずです。競争好きな彼は、自分の座を阻害するものがあれば相手とぶつかり合うことも躊躇《ちゅうちょ》せず、勝負に勝って自分の力を見せつけることを選んだでしょう。

ビル・ゲイツ同様、目が細く唇も薄い彼は完璧主義者で自制心が強いタイプ。ときには自分に痛みを与えることさえも厭《いと》わないでしょう。彼にとって痛みはエモーションへの刺激ともなり、この刺激が困難に屈しない彼の理想主義をさらに膨《ふく》らませるからです。

思考・感情二重拡張の彼ですが、ディラテゆえに感情の動向や理想を支えられるだけの十分な体力があるため、挫折や失望といったネガティブな感情でさえ、自分の理想をさらに彩る材料にできるはずです。

高まる情熱によって練り上げられた彼の理想が多くの人に受け入れられ、また人と交わることによって知的活動が刺激され、理想がさらに高められる。そうした環境がなければ、彼は心から満足することはないでしょう。

　また、ディラテの彼は現実的な思考がベースとなるため、その理想は雲をつかむようなものではなく、実生活と強く結び付くものとなります。自分の力で人々を幸せにしたいという欲求も強いことでしょう。

　しかし、目尻が上がっている「上がり目」からは、他の人の意見はあまり聞かない傾向が見てとれます。顔の肉付きにはハリがあり、バイタリティも十分。その分、意志の強さを助長しますから、自分の考えや価値観に固執する傾向があると考えられます。

　さらに特筆すべきは、彼のあご先です。横顔から見たときにあご先が前方に突出している人は、野心に溢れ、自分に自信があるタイプ。特にあご先が眉頭よりも前に出ている場合は、野心を自分の力だけで実現する力も持っています。ときには、やや強引と思えるほど、自分の意見や理想を人に押し付ける傾向があります。

　そんなあご先を持つ彼は、実現力が強すぎるがゆえに、自分の意見や理想を人に押し付けてまで強引に物事を実現するタイプと言えるでしょう。

　実際、「強いロシア」の再建を目標に掲げ、中央政府の権限を強化してきた彼は反対派から強硬と批判されたものの、ロシア国民からは多くの支持を得ています。

　しかしそんな彼も、新型コロナウイルスによる経済不況では、国民の支持率を大きく下げることになりました。強いリーダーシップで再び盛り返すことができるのか、今後の動向が気になるところです。

## タイプ⑧　思考・感情二重拡張レトラクテ……オードリー・タン

台湾の行政院（内閣）でデジタル担当大臣を務める彼女（トランスジェンダーを公表しているため、本書では「彼女」と表記します）。

登校拒否によって学校は中学までしか通わなかったものの、独学でプログラミングを学んで一〇代でシリコンバレーでＩＴ企業を起業、またさまざまな企業で要職に就き、三五歳で台湾史上最年少の閣僚となるなど、何かと話題を集める人物です。

思考・感情二重拡張の彼女は、思考にも感情にも貪欲でしょう。高まるエモーションが彼女の理想を昇華させ、またその理想が人とのコミュニケーションによってさらに発展することを望んでいると相貌心理学の見地から分析できます。

彼女の目は「下がり目」（目尻が下がっている）で、人の話をよく聞き、目の前の物事をじっくりと見つめる能力の高さを表しています。また丸みのある額は、想像力と記憶力に優れていることを表します。

目の前の物事を直観的に把握し、素晴らしい内省力と想像力、記憶力によって、さらに良いものに変えていく――こうした力が彼女の創造的な才能を膨らませていると言えるでしょう。

また、輪郭のレトラクテが表す抽象的な思考傾向は、彼女の独特な世界観をさらに豊かにしています。

注目すべきは口の形です。口角が上がり、口先を突き出したような形の唇で、いわゆる「アヒル口」と呼ばれるもの。

日本ではかわいらしい女性の口として扱われることも多いのですが、相貌心理学では、大人になってもこうした口を持つ人には愛情が不足しているという不満があり、常に愛情を求める傾向があるとされています。

実際、セッションなどでこうした口の方にお話を伺《うかが》うと、根本的に何が愛情なのかがわからないまま大人になってしまい、何を求めているか自分自身でもわからないという人も多いのです。

愛情が満たされれば、突き出した部分は徐々に平坦《へいたん》になっていく傾向がありますが、中には年をとってからもアヒル口の人がいます。これは私個人の見解ですが、戦後、苦労した年代の方には多く見られるようです。

このような特性は、彼女の思想が人の内面を理解したいという方向へ向かうことを後押ししていると考えられます。しかし、それでも彼女の内面に隠された愛情不足による空虚感は、そう簡単に埋められることはないでしょう。

それを表しているのは、彼女の目です。鼻筋が利《き》き手《て》側に向いていることから、意識は現在に向いており、現実を乗り越えていこうという思いはあることがわかりますが、目には夢想傾向が表れています。

夢想傾向を表す目というのは、三白眼とまではいかないまでも、黒目の下が少しだけしか下まぶたについていない状態です。相貌心理学の見立てによると、彼女は内面に潜《ひそ》む根本的な不満や空虚感を現実世界で対処するのではなく、夢想の中に安住の地を見出しているということになります。

ただ、愛情がどういうものかがよくわからないからこそ、常に彼女の好奇心が刺激され、飽くなき探究心が育まれていると言うこともできるかもしれません。

また選り好みが強いレトラクテの彼女の才能が発揮されるのは自分が選ぶ分野や範囲内に限定されることでしょう。防衛欲求が高く体力が少ないため、自分の感情が高揚しないものに興味を持つことは少なく、無駄な体力を消費しようとしないと考えられるからです。

もともと感受性の強い彼女ですが、「ビーナスの首輪」と呼ばれる首のシワは、より繊細で細やかな気配りができる人であることを示しています。このシワは、物事に対する寛容性や順応性があることも表します。

加えて、彼女のふっくらとした唇も寛容性を示しています。

こうした特徴からわかるのは、目の前の現実を寛容に、そして柔軟に受け入れる力です。

その力は、彼女の想像力を無限大に伸ばす一翼を担っていると言えるでしょう。

**ビーナスの首輪**

繊細で細やかな気配りができる

## タイプ⑨　思考・活動二重拡張ディラテ……孫正義

ソフトバンクグループを率いると同時に、日本経済全体をリードしてきた彼。アメリカの大学を卒業した後に帰国し、アルバイト社員二人とコンピュータ卸売事業を始めたのが、現在のソフトバンクの基礎となりました。当時、彼がこの二人の前で「一〇年で年商五〇〇億の会社にする」と語ったところ、二人は実現不可能なホラ話として受け取ったという逸話が残っています。

しかし、思考・活動二重拡張の彼にとっては、実現不可能な夢などありません。目の前の現実から重要な事柄だけをフォーカスし、「使えるか、使えないか」を豊かな想像力を使って瞬時に見極め、自分の理想を実現していける人物です。

このタイプの物事の判断基準は、自分の理想を実現するために、どのくらい使えるか。思考ゾーンが拡張しているとはいえ、ディラテである上に活動ゾーンも拡張している人は、0から1を生み出すというよりは、完成されたものを次の時代へと担う人。新しい何かを生み出すのではなく、素晴らしい展開力によって何かを作り上げる人と言えます。

自分のアイデアが物質的なメリットや本能的な欲求を満足させるだけでなく、物質的利益や本能的な欲求の満足がさらに自分のアイデアを活性化させる……こうした好循環が、彼を動かす原動力となっているのです。

思考、活動ゾーンがともに拡張している彼は、感情の動向に思考や行動が左右されることはなく、常に冷静な判断をする傾向があります。

しかも、彼の思考ゾーンと活動ゾーンをつなぐ感情ゾーンは、上下二つのゾーンに押しつぶされることなく、しっかりと上下のゾーンを支えています。つまり彼の場合、何かのきっかけでバランスを崩したとしても、思考ゾーンに倒れて夢想にひた走ったり、活動ゾーンに倒れて欲望のままにひた走ったりすることはないことを表しています。

また、彼のどっしりした鼻から見てとれるのは、多くの人から広く愛されたい、いろいろな人と交流したいと考え、積極的に関わろうとするコミュニケーション欲求です。

もともと思考・活動二重拡張タイプは愛情を介するコミュニケーションを重要視しませんが、彼はディラテであるため、寂しがりやで、多くの愛情を欲する傾向があります。

さらに、正面から見て鼻の穴が見えるので、自分へのメリット、デメリットを精査した上で、相手へ率直な言葉を投げかけることができるでしょう。

また彼の口を見ると、輪郭に対して小さめです。輪郭に対して口の小さい人はエネルギー調節がうまく、体力を使いすぎることがありません。そのため忍耐力があり、物事を継続させる力に長けています。しかし、その反面、フラストレーションを溜《た》め込《こ》みやすい傾向もあるでしょう。

## タイプ⑩　思考・活動二重拡張レトラクテ……タイガー・ウッズ

思考・活動二重拡張の人は、この二つのゾーンのバランスが悪いと、せっかく持っている才能がうまく開花しない傾向があります。

しかし天才ゴルファーと呼ばれたタイガー・ウッズの場合、自分の思い描く理想が物質的メリットや本能的な欲求を満足させ、またその満足が自分の理想を活性化させるような環境が整っているために、二つの拡張ゾーンの歯車がうまく回り、素晴らしい才能を開花させていると言えます。プロ入りして三年で世界ランキング1位に躍り出た彼は、メジャー選手権では一五回の優勝を果たし、生涯獲得賞金額は一億ドルを突破して歴代1位となるなど、輝かしい成績をおさめています。

思考・活動の二重拡張の人の特徴は、感情の動向にはあまり重きを置かないことです。そのため、彼にとってのコミュニケーションは、知的活動と本能的な欲求へ同時に与えられる満足がベースとなり、視覚や知的活動を刺激するコミュニケーション、また同時にそこから得られる物質的満足や肉体的満足となるでしょう。

このタイプの人は、感情のキャッチボールといった、目に見えないものや直接的な接触では得られないものには、あまり興味を持たないはずです。

また、彼のように目と目の間が狭く、また眉毛と目の位置が近い人は、集中力が非常に高いことを表しています。

そして彼の場合、目が大きく、横顔から見ると目が出ているのが特徴ですが、こうした目を見る限り、視覚からの影響を受けやすいことがわかります。

視覚から影響を受けやすいということは、視覚情報に思考や行動が影響されやすいということ。それは反応の速さにもつながり、活動ゾーンも拡張している彼の機敏さや行動力をさらに高めることでしょう。目から入ってくる情報を瞬時にキャッチする彼は、思考優位の特徴である豊かな想像力を駆使して情報を膨らませます。その情報が自分にとってメリットがあるかないかを瞬時に見極めて、すぐに行動に移すことができるのです。

その反面、視覚から入る情報に思考や行動が影響されやすいということは、気になるものが目に入れば、すぐに気移りしてしまう傾向があるとも言えるのです。

類まれな才能に恵まれた彼ですが、二〇〇九年には交通事故をきっかけに複数の女性との不倫疑惑が発覚し、当時の妻とは離婚しています。その事故によって彼は負傷し、その後は事故の後遺症や投薬の影響で成績が低迷したと言われています。その後も飲酒運転で逮捕されたほか、スピードの出し過ぎで事故を起こして大怪我を負うなど、車のトラブルが尽きません。

今後の復帰が期待されますが、こうしたタイプの人は、視覚からの影響を受けやすく、目移りしやすい傾向があることを普段から自覚しておくことが大切です。

フレームが横長の伊達《だて》メガネなどをかけると、物事を選び取る冷静な印象を見る人に与え、また、外から誘惑が入ってくることを抑《おさ》える効果があります。

## タイプ⑪　感情・活動二重拡張ディラテ……習近平

中国の国家主席を務める最高指導者、習近平。

彼の父もまた政治家でしたが、文化大革命に先立つ一九六二年、反党小説に関わったとされて全職務を解任された後、一六年間も拘束されています。また習近平自身もその後に反動学生として四回も監獄に放り込まれるなど、過酷な青春時代を送っています。

しかし、彼はそんな運命に屈することはありませんでした。監獄から出た彼は共産党に入党し、持ち前の体力と行動力でどんどん出世していくのです。

感情・活動ゾーンがともに拡張し、ディラテでもある彼は、豊富な体力を武器にして、感情と本能的な欲求の赴《おもむ》くままに一心不乱に進んでいくことができます。特に、口元やあごの活動ゾーンがしっかりしているため、行動力は抜群。まるでブルドーザーのように、周囲をバタバタとなぎ倒していくことでしょう。

また、横顔から見ると、感情ゾーンと活動ゾーンがそれぞれ突出しており、自分が守ると決めた者に対しては、体を張って守る強さがあります。それは、まるで野生動物が縄張りを守るような本能的な欲求とも言えます。守ると決めたものには、むしろお節介というくらい世話を焼く傾向があります。

ディラテで、額の高さが低い彼は、現実主義のさらに上をいく「超現実主義者」と言えるでしょう。目に見えない理想や、0から1を生み出すことにはまったく興味を持ちません。

とはいえ、それに代わる展開力は素晴らしいものがあります。無駄なく合理的に、物事を進めていくことができるのです。

また、上まぶたによって細く絞られた目は、自分にとって価値あるものを選び取る傾向が強いことを表しています。彼にとって価値あるものとは、メリットがあるかどうか。彼は常に利用価値をしっかり見定めながら、目の前の現実を展開していくことでしょう。

さらに、所有欲の強さを表すのが彼の鼻の形です。鼻先が丸く、小鼻も肉厚で、正面から見たときにニンニクのような形をしています。相貌心理学では、こうした鼻は、自分が欲するものはすべて自分のものにしたいという所有欲求が強いと分析します。

つまり、自分の望む物質はすべて手に入れたいと願い、自分の思うように人が動かないと納得しないということ。こういう鼻の人が上司の場合、部下は大変かもしれません。

感情・活動二重拡張ディラテの彼は、感情の高まりによる彼自身の行動が物質的利益をもたらすことで本能的な欲求を満足させ、また、その物質的満足が彼の感情を高揚させます。彼はこの二つのゾーンを同時に満足させることができるため、拡張ゾーンが二つともよく回転し、彼をエネルギッシュに動かしているのです。

しかし、目に見えること以外は信用しない超現実主義と分析できる彼。感情や本能的な欲求のままに行動する傾向も否めません。すべてを自分の思い通りにしたい欲求も強いため、ときに思考の柔軟性に欠け、寛容性を失い、視野が狭くなることも考えられます。

## ニンニクのような形状の鼻

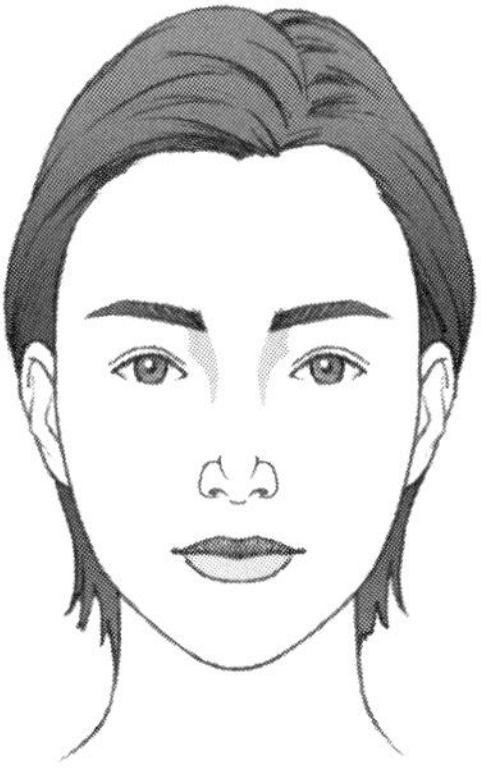

自分が欲しいものは
すべて自分のものにしたい。
所有欲求が強い

## タイプ⑫　感情・活動二重拡張レトラクテ……錦織圭

日本が誇るテニスプレイヤーの彼。世界ランキング自己最高位はシングルス4位で、日本男子史上初の世界ランキングトップ10入りを果たしています。

感情・活動二重拡張タイプの彼は、感情の高まりと本能的な欲求が多くの動向を左右します。

また、横顔から見たときに鼻の傾斜が強く、横顔のラインがまるで「く」の字のように突出していますが、これは行動の勢いが強く、強さを示したい勝負好きな一面があることをうかがわせます。

大きな張り出した頬骨が表す衝動的ともいえるエモーションの高まりが、勝負好きな彼の行動や本能的な欲求を満たし、勝負の結果が彼のエモーションにさらに火をつけることでしょう。

正面から耳が見えることから理解できるのは、強い独立心です。こうした耳を持つ人は独立心や自立心が強く、何でも自分でやろうとします。

さらに、しっかりしたあご先は野心が豊富なことを表しています。

強い独立心と豊富な野心。彼には、まさに狙った獲物は逃さないといった狩りに出るハンターのような特性がうかがえるのです。

感情・活動ゾーンの二重拡張タイプですが、レトラクテで輪郭が細長いため、内省力や想像力も豊かです。物質的な満足を追求する傾向があるのは活動ゾーンの特徴ですが、彼のようなタイプは、金銭的価値では測ることのできない勝利や名声も重要視します。

また、レトラクテであるため何事も自分で選ばないと納得できない一面もあり、感情、本能の二つのゾーンを同時に満足させる環境も自らで選びとろうとする傾向があります。

そうした独特の世界観が、彼に偉業を成し遂げさせていると言えるでしょう。

口の引き締まりが弱い彼は、自分にダメ出しをすることはあまり上手ではないでしょう。しかし、相貌心理学ではこうした唇は相手を寛容に受け入れることも示しています。もともと輪郭が細長く、肉付きも薄い彼は、他者に対する寛容性や順応性はあまり高くないはずですが、この唇がそれを補い、他者を受け入れる柔軟性を高めているのです。

とはいえ、彼の輪郭はとても細長いため、自分が選んだ相手や環境内では円滑なコミュニケーションを望みますが、それ以外では閉鎖的であることがうかがわれます。

傾斜角度の強い鼻、そして正面から見えない鼻の穴の形状からは、意見はストレートに相手に投げるものの、自分の思いは内に秘めると分析できます。

さらに目の大きさから判断できるのは、旺盛な好奇心です。目の前の相手からさまざまなことを聞きたがる傾向がありますが、自分のことはあまり語ろうとはしないでしょう。

彼のようにぱっちりと大きく開いた目は、視覚情報から影響を受けやすいことを表しています。この感度の良さもまた、彼の才能を手助けしていると言えます。

そして、横顔から見て傾斜した額からわかるのは、頭の回転の速さです。思考活動も活発な彼は、高い洞察力で目の前の物事から重要なことを瞬時につかみ取り、豊かな想像力で最良の方法を模索して展開していけるはずです。

レトラクテの彼には蓄えられる体力が少ないため、いかに体力を効率よく使うかが重要な課題と言えます。しかし、活動ゾーンが拡張している彼は「今あるものをいかに合理的に使うか」という思考にも長けています。

どうしたら、自分の体力を有効に使えるかを冷静に判断する——こうした合理的な思考が、彼のスポーツ選手としての素晴らしい才能を花開かせているとも言えるでしょう。

# おわりに

ここまで本書をお読みくださり、どうもありがとうございます。

三冊目の著書となる本書では「自分を深く理解する」というテーマに焦点を絞り、主に日本人に多い8タイプの分析や個性を伸ばす方法をまとめました。

冒頭でも触れた通り、日本でセミナーやセッションをしていると、自分のことをよく理解できていないために、不安や悩みを抱えている方が非常に多いと感じます。自信を失っている方も少なくありません。

でも、自分の特性がわかってさえいれば、対処の方法もわかるのです。

自分は人と比べる傾向が強く、しかも劣等感を感じやすいという特性がわかっているなら、落ち込んだときも常に自分の良いところに目を向けるようにしていれば、徐々に前向きな考え方に変わっていくはずです。

さらに、自分だけでなく、周囲の人の特性がわかっていれば、無駄に傷ついたり傷つけたりすることも減っていくはずです。たとえば、いつもあなたに冷たい言葉をかける上司も、実は自分の感情をどう表現したらよいかわからない不器用さがあると理解できれば、それほど心が乱されることはないでしょう。

自分の特性を知ることによって、自分自身を客観的に見て対処できるようになり、相手の特性を知ることによって、相手がなぜそんな言動をとるかがわかるようになるのです。

本書を通して、私が皆さんにもっともお伝えしたかったのは、「良し悪しをジャッジするのではなく、理解しよう」ということです。

自分のことも相手のことも深く理解すれば、自分の中の寛容性を高めていくことができます。そして周囲の人とのコミュニケーションも良好になっていくのです。

私は、本当の意味でコミュニケーション能力がある人というのは、自分のことも、相手のことも否定しない人だと思っています。

何かできないことがあって困っているなら、どうしたらできるようになるかを考えればいいのです。または、他にできることがないかを考えてみればいい。人はそれぞれに多彩な才能や能力を持っているのです。

いつも柔軟に、広い視野で自分や相手の可能性を考えられる人こそ、本当の意味でコミュニケーション能力に優れていると言えるのではないでしょうか。

そのためには、やはり自分と相手を深く理解することが大切なのです。

なお、本書をお読みになって相貌心理学についてもっと詳しく知りたいと思われた方は、こちらにアクセスしてください。

・ホームページ　http://a-cura.net/bouzon/
・インスタグラムアカウント　bouzon_san
・ツイッターアカウント　@bouzontakako

相貌心理学を知って、あなたの人間理解がより深くなり、あなたの人生がより豊かになることを心から願っています。

佐藤ブゾン貴子

編集協力　真田晴美
本文イラスト　福原伸一
本文図表　茂呂田剛（エムアンドケイ）

河出新書 039

# あなたの顔《かお》には99%理《り》由《ゆう》がある
相《そう》貌《ぼう》心《しん》理《り》学《がく》で学《まな》ぶ顔《かお》のセルフマネジメント

二〇二一年一一月二〇日 初版印刷
二〇二一年一一月三〇日 初版発行

著 者 佐藤《さとう》ブゾン貴子《たかこ》

発行者 小野寺優
発行所 株式会社河出書房新社
〒一五一－〇〇五一 東京都渋谷区千駄ヶ谷二－三二－二
電話 〇三－三四〇四－一二〇一［営業］／〇三－三四〇四－八六一一［編集］
https://www.kawade.co.jp/

マーク tupera tupera
装 幀 木庭貴信（オクターヴ）
印刷・製本 中央精版印刷株式会社

Printed in Japan ISBN978-4-309-63140-0

# 人は顔を見れば 99％わかる

## フランス発・相貌心理学入門

佐藤ブゾン貴子
Sato Bouzon Takako

鼻の穴が見えない人は、秘密主義……
ビジネスや教育の現場で採用されている、
1億人以上の分析に基づく
フランス発祥の顔の心理学とは?
日本でただ一人の相貌心理学教授による
“人を見る目がない人必読”の初の入門書！

ISBN978-4-309-63120-2

河出新書
019